人権の世界地図

長島 隆 監訳　長島 隆・江崎一朗・石田安実 共訳

The Atlas of HUMAN RIGHTS

Mapping Violations of Freedom Around the Globe

Andrew Fagan

丸善出版

The Atlas of HUMAN RIGHTS

Mapping Violations of Freedom Around the Globe

by

Andrew Fagan

Copyright © Myriad Editions Limited 2010
All rights reserved.
The moral rights of the authors have been asserted.

Produced by
Myriad Editions
New Internationalist Publications
The Old Music Hall, 106–108 Cowley Rd, Oxford OX4 1JE, UK
www.MyriadEditions.com

Edited and co-ordinated by Jannet King and Candida Lacey
Designed by Isabelle Lewis and Corinne Pearlman
Maps and graphics created by Isabelle Lewis

This book is sold subject to the condition that it shall not by way of trade or otherwise, be lent, re-sold, hired out, or otherwise circulated without the publisher's prior consent in any form of binding or cover other than that in which it is published and without a similar condition including this condition being imposed on the subsequent purchaser.

Japanese edition © 2019 by Maruzen Publishing Co., Ltd., Tokyo, Japan
Japanese translation rights arranged with Myriad Editions Limited, Oxford, U.K.
through Tuttle-Mori Agency, Inc., Tokyo

Printed in Japan

目　　　次

　　　謝　辞　　　　　　　　　　　　　　　　　　　　　　　　　　　　　　　　　6
　　　序　言　　クリフ・スタフォード・スミス　　　　　　　　　　　　　　　　　　7
　　　序　論　　　　　　　　　　　　　　　　　　　　　　　　　　　　　　　　　9
　　おもな人権協定　　　　　　　　　　　　　　　　　　　　　　　　　　　　　　14

第1部　　国家，アイデンティティ，市民権　　　　　　　　　　　　　　　　　16

　　政治的権利　　　　　　　　　　　　　　　　　　　　　　　　　　　　　　　　18
　　　真の民主主義は，政府の責任を問うことができる独立した司法権によって保護された市
　　　民権や政治的権利という衣装をまとっています．
　　市民権　　　　　　　　　　　　　　　　　　　　　　　　　　　　　　　　　　20
　　　投票の機会は，市民権の享有において基本的なものです．
　　富と不平等　　　　　　　　　　　　　　　　　　　　　　　　　　　　　　　　22
　　　世界の人口の半分近くが，厳しい貧困の影響に苦しみ続けています．
　　生活の質　　　　　　　　　　　　　　　　　　　　　　　　　　　　　　　　　24
　　　生活の質は，尊厳ある生活を導くことに合致する経済的および社会的権利に基づいています．
　　健　康　　　　　　　　　　　　　　　　　　　　　　　　　　　　　　　　　　26
　　　健康に対する権利は，すべての市民が肉体的なおよび精神的な健康を享受できる条件を
　　　増進させる義務を国家に課します．

第2部　　司法侵害と法規制　　　　　　　　　　　　　　　　　　　　　　　　28

　　拷　問　　　　　　　　　　　　　　　　　　　　　　　　　　　　　　　　　　30
　　　どのような状況においても明確に禁止されていますが，拷問は依然として広範囲で行わ
　　　れています．
　　不当勾留　　　　　　　　　　　　　　　　　　　　　　　　　　　　　　　　　32
　　　政治的な統制の手段として，不当に市民の身柄を拘束している国があります．
　　死　刑　　　　　　　　　　　　　　　　　　　　　　　　　　　　　　　　　　34
　　　死刑は，長い歴史と多くの宗教・伝統によってさまざまな形態があり，アメリカ合衆国
　　　と中国のようなまったく異なった社会の共通点でもあります．
　　警察活動　　　　　　　　　　　　　　　　　　　　　　　　　　　　　　　　　36
　　　政府は，市民の安全を守るという基本的な義務を負っていますが，警察官が，市民の人
　　　権に対してきわめて頻繁に保護者というよりもむしろ侵害者となります．

第3部　　表現の自由と検閲　　　　　　　　　　　　　　　　　　　　　　　　38

　　言論の自由　　　　　　　　　　　　　　　　　　　　　　　　　　　　　　　　40
　　　意見や見解の表現は，個人の自由の基本的特性と広くみなされます．
　　通信の検閲　　　　　　　　　　　　　　　　　　　　　　　　　　　　　　　　42
　　　情報を検索し，受け取り，発信できることは，個人の自由を行使することの中核をな
　　　し，真に開かれた社会の不可欠な特性です．

集会と結社　44
集会の権利を制限することは，依然として，理念的な「民主主義国家」と明らかな権威主義体制が人々の意志を妨害しゆがめるための主要な手段となっています．

第4部　紛争と移住　46

ジェノサイド（集団殺害）　48
ジェノサイド（集団殺害）を止めようという強い願いが，現代における人権擁護運動の中心的な要素です．

戦争と武力紛争　50
戦争と武力紛争は，人権に壊滅的な影響を及ぼします．

武器貿易　52
武器が手に入ることで，人権は紛争が終わった後も影響を受け続けています．

テロリズム　54
テロリズムは，人権の尊重とは根本的に両立しないものです．

国連による平和維持　56
国連による平和維持活動は，人権保護のために重要な貢献をしています．

難民，国内避難民，無国籍者　58
難民および国内避難民は，政情不安と長く続く組織的迫害を示すバロメーターです．

第5部　差　別　60

宗教的自由と迫害　62
宗教的信仰は人間生活の中心にあり，世界の約80パーセントの人々が宗教に対する忠誠を告白しています．

少数民族　64
少数民族は，ほとんどすべての国に存在し，多くは迫害，抑圧，組織的差別を受けています．

人種差別　66
人種的平等は真に進展してきました．しかし，差別の人種差別的態度と公然の差別は今日，世界の多くの地域で続いています．

障害と精神保健　68
身体障害や精神障害のある人々は，何世紀ものあいだ虐待され，差別されてきました．そして，今日でも世界中で続いています．

性的自由　70
性的自由に対する権利は，まだ基本的人権として公式に認められていません．

第6部　女性の権利　72

女性の市民権　74
女性の市民権が組織的に否定され制限されることは，世界中で依然として人権擁護運動の中心的な挑戦の一つです．

家庭内暴力　76
多くの女性にとって厳しい現実は，生命と安全に対する女性の権利が家庭内や親密なパートナーから脅かされていることです．

強姦（レイプ） 78
　強姦（レイプ）は，被害者の個人の安全に対する人権の基本的な侵害であり，実際，世界中で起きています．

選択する権利 80
　妊娠を継続するかどうかを選ぶ女性の権利は，世界中で，政治的論争や道徳的な論争に巻き込まれています．

女性の性器切除 82
　人権の視点からみれば，女性性器切除は，その犠牲者に対して深刻で長く続く諸影響を伴う暴力行為です．

性的隷属 84
　人権の原則は，いかなる人間も単なる商品におとしめられてはならないという考えに基づいています．

第7部　子どもの権利 86

子どもの労働（児童労働） 88
　5～14歳の1億9,000万人を超える子どもたちが，さまざまな経済活動に従事していると推定されています．

子ども兵士 90
　18歳未満の兵士が推定30万いて，世界中で戦争を遂行しています．

教　育 92
　教育は核心となる権利であり，広範なほかの人権を獲得するための土台です．

子どもの死と健康 94
　子どもたちがもっているすべての人権の中で，生命と健康を享受する子どもたちの権利は地球上でもっとも脅かされています．

第8部　国のプロフィールと世界のデータ 96

国々のプロフィール 98
世界のデータ 112

出　所 120
訳者あとがき 125
索　引 127

謝　　　辞

　多くの方々に深く感謝します．Myriad社との仕事は大変な喜びであり，私はMyriad社の皆の仕事に拍手を送ります．本書の価値と魅力を私に最初に説得してくれたCandida Laceyに特に感謝の言葉を伝えます．私はこの機会を与えてくれた彼女に深く感謝しています．Jannet Kingは素晴らしい編集者です．彼女のプロフェッショナリズム，厳格さ，そして純粋な熱意によって，この地図のクオリティは素晴らしくよくなりました．私にとってあまりなじみのなかったこの形式とアプローチの仕方の仕事の初期の段階に，彼女は私を辛抱強く導いてくれました．本書の最初の概略と内容を考案した早熟な才能のあるEve Laceyについても特に述べる必要があります．最終版が彼女の最初の構想とほとんど変わっていないことがその証拠です．

　私は，世界でも有数の大学の人権センターの一つとエセックス大学の専門知識とのつながりから恩恵を受け続けています．特に，Kevin Boyle, Edzia Carvalho, Geoff Gilbert, Todd Landman, Sheldon Leaderは，いずれも貴重なアドバイスと洞察を提供してくれました．Ryan Hillは，本書の大部分のデータの収集と研究に非常に大きな貢献をしました．Ryanの多くの才能の中に模範的な研究者の才能があります．Christina Szurlejも，必要なデータと研究を提供してくれました．彼女の貢献に感謝します．

　最後に，私はパートナーのJuliaにすべてのことを，とくにこの仕事のことを考え，製作するなかで私の心が不在になっていた間の彼女の忍耐と理解に感謝します．

アンドリュー・フェイガン

Photo Credits

We would like to thank the following photographers and organizations:

page 16: Dermot Tatlow / Panos Pictures; 18: Andrew Testa / Panos Pictures; 23: Sean Sprague / Panos Pictures; Chris Stowers / Panos Pictures; 28: Ian Teh / Panos Pictures; 30: Witold Krassowski / Panos Pictures; 32: Jez Coulson / Panos Pictures; 33: Jan Banning / Panos Pictures; 37: Francesco Cito / Panos Pictures; Fredrik Naumann / Panos Pictures; Robin Hammond / Panos Pictures; 38: Chris Stowers / Panos Pictures; 41: Justin Jin / Panos Pictures; 43: Fernando Moleres / Panos Pictures; Sean Sprague / Panos Pictures; Rhodri Jones / Panos Pictures; 44: Milad Avazbeigi; 46: Jeroen Oerlemans / Panos Pictures; 48: Moises Saman / Panos Pictures; 49: Sven Torfinn / Panos Pictures; Sean Sutton / MAG / Panos Pictures; 52: Mark Henley / Panos Pictures; 55: Heidi Bradner / Panos Pictures; 56: Andrew Testa / Panos Pictures; 60: Jeroen Oerlemans / Panos Pictures; 62: Stefan Boness / Panos Pictures; 65: Robin Hammond / Panos Pictures; Jeroen Oerlemans / Panos Pictures; Nic Dunlop / Panos Pictures; Penny Tweedie / Panos Pictures; 68: Aubrey Wade / Panos Pictures; 70: Ericsphotography / iStockphoto; 71: Justin Jin / Panos Pictures; 72: Jenny Matthews / Panos Pictures; 77: Tim Dirven / Panos Pictures; Martin Adler / Panos Pictures; 83: Sven Torfinn / Panos Pictures; Liba Taylor / Panos Pictures; 86: Jean-Leo Dugast / Panos Pictures; 88: Giacomo Pirozzi / Panos Pictures; 89: Robin Hammond / Panos Pictures; Andrew McConnell / Panos Pictures; G M B Akash / Panos Pictures; 90: Paul Smith / Panos Pictures; 91: Robin Hammond / Panos Pictures; Tomas van Houtryve / Panos Pictures; Tim Dirven / Panos Pictures; Giacomo Pirozzi / Panos Pictures; Sven Torfinn / Panos Pictures; Dean Chapman / Panos Pictures; 96: Jocelyn Carlin / Panos Pictures.

序言

　　個人の権利や自由に対する侵害はますます明らかになり，人権に対する意識は世界中でかつてないほど高まりつつあります．はなはだしい人権侵害が明るみに出るようになり，近年では国民をひどく弾圧していた政権が倒されるところも出てきました．今や，私たちの多くが民主的な社会に暮らし，人権に関する数々の重要な条約を批准した結果手にすることができた保護を，少なくとも理論的には自由に享受しています．

　　こうした進歩にもかかわらず，いまだに私たちは，政治家（とメディア）が「安全」という言葉を「軍事防衛」あるいはスパイ活動によって極秘に得られる成果とよく一緒にしてしまうような時代に生きています．こうしたことは，政治家がこれから起こりうる脅威に備え，犯罪を行う可能性のある者が行動に移すのを防ぐための予防策を講じるのに力を注ごうとするために，よく起こるのです．そうした予防策の例としては，何人もベルマーシュ*1の刑務所に拘留したり，または，ジハード*2を口にするイスラム教徒なら誰でも「予防」戦略の対象にしたりすることなどがあげられるでしょう．あるいは，アメリカ人についていえば，法律の許す範囲を超えてグアンタナモ湾*3にある収容所に779人の人々を拘禁し，バグラムやアブグレイブの刑務所*4に収監された者たちを虐待し，人々をエジプトやモロッコに送還して中世時代の残酷な尋問方法で「情報」をより素早く引き出そうとしているのです．

　　こうした将来の仮想上の犯罪に目をとらわれるあまり，政治家は大局を，すなわち，自分たちの義務は社会全体を安全にすることだということを見失っています．偏狭な政策が意図する目標を有意義な形で成し遂げるということは，ほとんどあり得ません．実際，反動的な策略は，たいていはその対象となる地域社会の反感を買うことになり，本来ならば傍観者であったような人をも激怒させ，2001年9月11日に起きたような大規模犯罪の結果生まれる数々の善意も押し流してしまいます．あるCIAに工作員が2004年に言っていたように，グアンタナモの被収容者1人につきさらに10人を扇動，挑発し，私たちに危害を加えようという気にさせてしまいました（何年か経てば，間違いなくさらにその数は増えていくでしょう）．全体としてみれば，（アメリカ合衆国の内と外両方で）社会を劇的なほどに危険にしてしまったのです．

　　それでは，責任感のある政治家（あるいはジャーナリスト）は，どのようにしたらもっと安全な社会をつくることができるでしょうか．私たちの自由を奪ってしまうことは明らかに逆効果であることをしっかりと認めるならば，ほかの解答を探し始めることができるでしょう．しかし，法の目的とは保護をもっとも必要とする者を何よりもまず護ることだという考え方を，受け入れなければなりません．それには身体的にも精神的にも傷つきやすい子どもが明らかに含まれますが，同時に，多数派に厭われ危険な立場にある大人も含まれます．それは，2002年にグアンタナモ収容所にいたイスラム教徒かもしれませんし，今日の中国におけるウイグル人かもしれません．または，オーストラリアの亡命希望者かもしれません．あるいは，より異論のあるところでしょうが，英国やアメリカ合衆国にいる小児性愛者たちかもしれません．「偏見（prejudice）」という言葉は，事実を確認せずに結論を出してしまうことによる「早まった判断」を意味するラ

＊1（訳者注）ベルマーシュ：英国，ロンドンの南東部郊外に位置し，もっとも危険とされる受刑者を収容する刑務所．
＊2（訳者注）ジハード：イスラム世界で，信仰のための戦いを指すことが多く，「聖戦」と訳される．
＊3（訳者注）グアンタナモ湾：キューバ南東部，カリブ海に面する湾．米軍基地があり，イラク戦争やテロの容疑者を収容する収容所がある．
＊4（訳者注）バグラムやアブグレイブの刑務所：バグラムはアフガニスタンの首都カブール北部にあるアメリカ空軍基地内の刑務所．アブグレイブはイラクの首都バグダッドの西約32kmの場所にあった刑務所で，イラク戦争後，アメリカ合衆国（連合軍）管理下にあった．

テン語の語根から来ています．人権というものの目的は，私たちがこうした偏見の対象となる者すべてを同じ人間とみなし，多数派主義のポピュリズムがそうした人々を踏みにじるのを防ぐことにあります．これが，政府というものの中心的な目的であるべきです．というのも，政府が正しくまともにふるまえば，正しくまともな社会を手にできる可能性が最大になるからです．

　本書は，現在，危機的状況にあるこれらの問題をタイムリーな形で読者に再認識させることになるでしょう．「グローバリゼーション」は，資本主義世界での決まり文句となりました．同様に，人権の世界でも常套句となったのです．そしてまさにこの言葉が意味するのは，憲法あるいは法の定める権利が特定の集団にしか許されないとしても，あるいは，国家がみずからの国民にしか関心を示さないとしても，人権とはすべての人間のものだということは自明のことだということです．デモ行進，請願活動，社会運動，ブログをはじめとして多くの方法で展開される人権擁護運動は，変革を求めるエネルギーを爆発させ，それはもはや侮ることのできない規模になっています．アウン・サン・スー・チーの名は，ミャンマーでは民主主義を求める社会運動と同義語になり，シーリーン・エバーディーの名は，イランで女性の平等を求める運動と同義語となりました．死刑廃止を求める社会運動は，ますます強力になっています．本書で用いられるような地図の利点の一つは，近年ではたぶん新聞の見出しを飾ることもなくなった国々に読者が思いをはせ，異なる地域に属する国々を比べてみることで思いがけない結論が得られるということでしょう．たとえば，アメリカ合衆国とイランが幾度となく同じ政治的カテゴリーに属することがあるのを知って，多くの読者は驚かれることでしょう．

　私たちは，決して現状に満足することはできません．拷問等禁止条約が145以上の国々によって批准されたにもかかわらず，拷問はいまだに広く行われ，アゼルバイジャンからブラジル，エリトリアからモルドバにいたるまで，いたるところで確認されています．文明国家という一団は拷問を拒否するという点では一致するようにみえながら，21世紀の最初の10年間にアメリカ合衆国では，ジョージ・ブッシュが遠まわしに「高度な尋問技術」と呼んだ手段に訴えていたのです．しかし，それはスペインの異端審問がもっと単刀直入に「水による拷問」と表現していた方法——水責めでした．

　過去50年間以上にわたって繰り返されてきたのは，基本的人権の絶え間ない拡大でした．現在そこに含まれるのは，身体および精神に関して到達可能な最高水準の健康を得る権利，基礎教育を受ける権利，さらには言論・集会・宗教の自由のようなもっと一般的に認められた権利，裁判を受けずに拘留されない権利，または拷問を受けない権利などです．私たちの国だけでなく世界のほかの国々でも，すべての未来は人権の擁護と密接な関係をもっているのです．そして，本書は，目下起こりつつある重大な変化といまだ解決されない課題について，理解を得たいと願う人たちすべてにとって，待ち望んでいた情報源となることでしょう．

クリフ・スタフォード・スミス
リプリーヴ　代表
www.reprieve.org.uk

序　　論

　「世界人権宣言」（UDHR）が公布されてから，60年以上経ちました．「世界人権宣言」は，当時，近代の人権擁護運動の発展においてもっとも重要な目印となりましたし，現在も依然としてそうです．「世界人権宣言」の起草者たちは，野蛮で組織的な，非人間的な行為を犯す人間の能力と，私たちの人間性を生かし実現する基本的条件を確認し，それをみたす私たちの潜在能力とのあいだにある砂のような不安定さの中に明白な道徳的な線を引こうとしました．この労苦の最終的な成果が，「世界人権宣言」の30の独立の項目でした．これらの項目は一緒に取り上げられれば，拷問から自由である権利から社会的安全を受け取る権利にいたる，基本的な保護の価値がある人間の存在の領域を確認し，規定します．「世界人権宣言」もまた，例えば，公平な法的な審理を受ける権利，ある地域社会の政治的案件に参加する権利，宗教と良心の自由への権利，みずからの選択に基づく結婚の権利，自由な初等教育を受ける権利，適切な物質的な分配と生計維持への権利，ある地域社会の文化的慣行に参加する権利すら含むこのような事柄への基本的権利を確認します．本質的に，「世界人権宣言」は，それぞれの個々の人間の尊厳と道徳的な価値を守ることに対する一組の道徳的保証を確立することを目的とし，人間性の性質を定式化することと考えることができます．「世界人権宣言」は，その主要な動機が組織的な非人間性に基づくそれ以上の行為を防止し，そのような行為の機先を制する記録です．

> 「世界人権宣言」は，個人の基本的尊厳と道徳的価値を守ることに対する一組の道徳的保証を確立することを目的とします．

　「世界人権宣言」の公布以来，世界規模の〔グローバルな〕人権の基盤整備においては，急激な成長がありました．この発展は，人権法の国際的な組織の確立にもっともはっきりと現れています．「世界人権宣言」をそれらの主要な礎石とみれば，国際的な人権規約（covenants），条約（treaties），条約・協約（conventions），議定書（protocols），そして法律文書（instruments）は，いまや人間の活動の包括的な広がりを覆っています．国際人権法は，義務を作り出し，課すことによって個人の人権を守り，促進することにかかわっています．国際人権法は，人権を掘り崩す行為と条件を制限し，人権を享受するための必要条件と考えられる行為条件を積極的に作り出し守る義務にもかかわっているのです．人権は対応する義務と相関するといわれているのが，特徴的です．

　個々の人間が，人権を守り促進することの意図された究極的な恩恵を受けることを意図されています．その一方で，この目的を実現するために必要な条件を確立する責任は，国民国家にあります．この個々人と国家という配置には歴史的で実践的な正当性があります．「世界人権宣言」は，20世紀前半を通じて国民国家によって行われた残虐行為，とくにホロコーストというナチ・ドイツの犯罪に対するひとつの答えでした．事実，国民・国家は人権の侵略者でありうると考えられるだけではなく，人権を守り促進するためにもっともふさわしくおかれた機関でもあります．国民国家自身の片務的な行動と源泉によって，またほかの国家との多様な行為を通じて人権を守り促進するのです．世界の主権をもつ国民国家の広範な多数は，多様な程度まで法の国際的な機関として人権を認めてきたのです．

国境を越えて

　「世界人権宣言」の道徳的な精神を法典化することは，世界規模の〔グローバルな〕現象として，人権を汲み尽しません．厳密に法的な領域だけではなく，人権は市民的かつ政治的な領域の内部でも一定の認知を得て，権威を創りあげました．このような市民的，政治的領域における認知と権威とは，その法典化ほど明白ではなく，かなり「グローバル」でもありません．その一方で，人権法が存在しないところで，あるいは国際人権法が批准されているとしてもまだ行われて

いないところでは，人権の市民的，政治的領域は重要です．この領域では，人権の認知と権威は人権を守り，促進することにかかわる諸機関，政治的党派，ネットワークそして諸個人を創りあげます．実際，この人権の市民的，政治的な領域は，ある程度，人権法の限界によって動機づけられていると考えられる人がいるかもしれません．結局，国民国家が国際人権法のある側面を批准することは，かなり容易です．ですが，このような批准のすべてを積極的に履行することは，口先でさまざまな人権を耳ざわりよく肯定することではなく現実に実現していくことを要求します．市民的および政治的領域の人権の擁護者たちは，認められた人権法の規定を侵害する慣行と条件を意識にのぼせることを目的とすることが特徴的です．あるいは，このような法がまだ確立していない事例を検証することを目的とします．社会運動や議会の院外団の活動〔ロビー活動〕を通じて，これらの人権の擁護者たちは，政治の行使と市民社会の一致した活動を通じて，人権の侵害を克服することを究極的に目的とします．

　アムネスティー・インターナショナルや人権監視団のような組織の仕事においてきわめて明らかなことですが，人権の基盤を創る市民的，政治的領域は，国境を越えて広がります．これらの組織は，先進国ならびに発展途上国で人権侵害と対決することを目的としています．しかし，この領域が既存の自由主義的‐民主主義的な社会の内部でもっとも発展しているということが公平でしょう．この地図の以下で示すデータと分析が論証するように，あらゆる国家が人権を侵害しています．そのように時たま例外的に人権を侵害する国もあれば，組織的にかつ計画的に人権を侵害する国もあります．いくつかの人権組織と擁護者たちは後者のカテゴリーの国にも見出すことができます．多くの人権組織と擁護者たちは，前者のカテゴリーの国家に属します．疑いなく，区別は，一部は人権の擁護者たちがそれらの国の市民的，政治的目標を追求する際に，直面する差別的なリスクと障害に関係することで説明することができます．いくつかの国では，実際に人権を守ろうとすることは生死の問題です．

　人権は，グローバルな現象になっています．結果として，人権という言葉は，今や正義を求める多くの人々の運動の中心的要素です．実際，多くの人々にとって，人権は，今や法的，政治的，社会的，そして経済的ですらある正義と，同義であると考えられます．人権は，私たちが国籍，階級，信条，性別，民俗性，あるいはイデオロギー的な傾向にもかかわらず，抑圧と差別を克服しようとする手段を提供するようにみえます．単に人間であることによって，人権はあらゆる人間に属します．この点で，人権は，人権をもたなければ私たちを分裂させる部分的な障壁と境界を克服するという約束を提供するのです．ですが，人権に対する関与のための基本的な正当化を開示し，同一化しようとする試みは，興味ある論点と問題を生み出しますが，その一方で人権を巧みに表現することは，明らかに確固としたものです．

> 人権は，グローバルな現象になっています．

人権を正当化すること

　ジェノサイド（集団殺害）や拷問の非道徳性に疑いをかける人は，ほとんどいないでしょう．同様に，たいていの人々は，無垢な生命を奪うことが正当化されないと議論することでしょう．そして，人権がこのような悪行にたいして人間を守る手段として正当化されることに同意するでしょう．このような事例において，これ以上の正当化を必要としないようみえます．しかし，基本的な道徳的な直感にこのように訴えることは，「世界人権宣言」のなかで正式に述べられるすべての人権への関与と，同様に確実な根拠を提供するために広がらないでしょう．また例えば，人種差別と性差別に反対して人権を享受することにかならずしもすべての人が同意するわけではありません．私たちの中には，差別と不平等という不当な形態以外の何ものでもないと感じるものを，宗教的な伝統や文化的な伝統，信仰そして慣行という統合的な形態として守ろうとする人々もいます．同様に，芸術の自由あるいは良心の自由の完全に正当化された表明と考える

序　論

慣行を道徳的に受け入れがたいと非難する人々もいるかもしれません．例えば，彼らの信仰にたいして冒瀆だ，あるいは根本的に不敬だという理由で，演劇作品の検閲を要求する人々と，その作品を芸術の正当な形式とみなし，守ろうとする人々のあいだの論争を考えてみましょう．より論争的な事例でさえも，人権の擁護者たちと，その法と慣習を通じて女性を差別するような体制のあいだの論争において明白です．

　人権を正当化することは，人権の究極的な基礎が何であり，このような権利がどの程度まで適用されることができるかを規定することを要求します．人権の大きな強さの一つは，まさに非常にさまざまで異なる人間の地域社会に提供する通常の共有された，道徳的信念の制度のうちにあります．このような道徳的信念の制度に訴えることもまた，人権に関与することを知識として獲得することなど，知的に正当化するどんな試みにとっても主要な障害の一つを生じさせます．人々の既存の意見と慣行に単純に訴えることだけでは，私たちが人権を真に守り，正当化することができないでしょう．このような正当化を提供することは，もし人権にたいしてどんな関与をもつ効力も，多数がたまたま信じることによって，あるいは力ある世論の形成者たちが真であると表明しようとしたことによって規定されることができないなら，依然として必要です．あまりにしばしば人権擁護運動は，少数派や反体制派，あるいはより部分的で限定された関心を超えることを主張する，人間的な価値と理想の名においてはかなり無力な人々によって行われています．人権の目的にとってもっとも卓越した価値と理想とは，人間の尊厳，個人の自由そして人格的平等です．私たちは，人権の集成の世俗的な三位一体として，これらに言及するでしょう．尊厳，自由そして平等は，「世界人権宣言」のうちで明らかに訴えられています．それらもまた，人権への関与を正当化しようとする試みにおいて，多くの人権理論家によって提示される議論のうちで支配的であります．これらの理想のそれぞれは，多くの宗教的な世界観と道徳的な世俗的な世界観の長く続く形態でしたし，あり続けます．この程度まで，人権理論家は，人権の道徳的権威を説明する彼らの固有の試みにおいて，他者の道徳的な武器を受容し，新たに組み合わせました．これらの理想と価値のそれぞれは，概念的に複合的であり，広範な分析と議論を引きつけました．

> 人権の目的にとってもっとも卓越した価値と理想とは人間の尊厳，個人の自由そして人格的平等です．

尊厳，自由，平等

　人権の原則の内部で結びつけられれば，尊厳，自由，平等は，人権に対するすべての人間の主張を根拠づけ，同時に，このようなすべての主張の範囲の規定を提供することに役に立ちます．このようにして，私たちは，しばしば，生得の尊厳によって人権をもつといわれます．人間はそれぞれ，自分の社会的，政治的そして経済的な立場と成果から独立に，道徳的な立場と彼ら自身の権利において価値をもっています．生得的な尊厳は異なって測られたり配分されたりできない価値です．私たちはすべて尊厳を同じ程度にもっています．自由な選択を行う能力もまた，人間の機能にとって本質的であると人権理論家たちによって考えられる属性です．私たちは本能の生き物ではなく，私たちの行為は私たちの遺伝的な性質によって必ずしも完全に規定されているわけではありません．理性に基づく行為を通じて，私たちは，私たちがどのように自分の生を進めることを望むのかに関して選択するのです．

　独立した人権の項目は，市民的，政治的自由を守り，促進することを通じて，選択を行うことに対する支援を行うことを目的としています．例えば，投票権，ほかの人と自由に集まる自由〔集会の自由〕，自分自身の選択に基づいて配偶者と結婚する（あるいは結婚しない）自由のような権利です．そのほかの人権は，絶対的貧困，栄養不良，飢餓そして慢性疾患という制度的結果から人間を守ろうとする物質的条件を確立することを目的とします．これらの基本的人権のそれぞれは，結局，道徳的善と人間の能力の本質的特徴としての個人の自由という理想に関与する

ことに，その土台をもっています．すべての人にとっての個人の自由の価値に，すべての法的あるいは政治的制度を基礎づける際に，個人の自由の正当な範囲の規定に，平等の但し書き条項をつけることは本質的です．この平等の但し書き条項をつけなければ，自分の自由を行使することがほかの人々の隷従あるいは抑圧を結果として生じさせるかもしれません．平等の理想は，すべての人間が平等な道徳的で法的な価値を与えられているというその要求を通じて，人権原則への不可欠の寄与を行います．平等という理想は，平等な自由を各人が行うことを守り促進しようとする規則と法令の創出を通じて，実現されていきます．

> 人権は，ほかの人にたいしてある人の意志を強要することを正当化しません．

　人権は，ほかの人にたいしてある人の意志を強要することを正当化しません．また人権は，民族的あるいは人種集団固有の道徳的態度を否定しようとする，人種差別的な原則に基づく政治的目標を公然と公表することを，表現の自由だと主張する資格を政治運動に与えません．個人の自由と人格的な平等という理想を組み合わせることによって，人権原則は，同時に人間の能力がすべての人間の能力の平等な自由の主張を尊重するように要求します．それと並んで個人の自由を行使する正当な範囲を描くことを目的とします．主として，これらの主張は，同じ政治的社会を共有する人々に，きわめて強制的に適用します．しかし，議論の論理は，結局，いたるところですべての人間を覆うまで広がります．

　人権がもつ訴求力と道徳的権威とは，尊厳，自由そして平等という，これらの基本的理想に持続的かつ広範な信奉者に依存します．たいていの人間社会が，もしそれらの価値と理想を是認することをやめたとすれば，人権のもつ道徳的な力と正当性は，深刻に弱められるでしょう．国家は，世界の多くの地域で市民の人権を侵害し続けています．計画的で意図的な政策の一部として，人権を侵害する国もあれば，人権の無視と人権についての関心の欠如によって，人権を侵害する国もあります．より明白に人権を尊重しながら，人権を守るためにほかの国が介入する可能性は，国の利害の実際的な計算によってかなり影響されます．このような国の利害は最悪の場合，公然たる偽善に結果としてなってしまうか，あるいはせいぜい単なる不整合になります．国家に加えて，ほかの制度や機関が，社会から国を越えた連合にいたるまで，人権を侵害するものとして，ますます確認されてきています．人権の精神を広範に認めているにもかかわらず，大規模な侵害は続いています．しかし，それらの侵害が侵害と認められ，また道徳的な非難が可能であるという事実は，それ自身人権の道徳的権威の結果です．

世界人権〔宣言〕の批判

　個人の自由と人格的平等という理想が必ずしも普遍的に妥当しないし，これらの理想を促進しようとすることは，「西欧」社会がほかの世界を（必ずしもいつも信奉されるわけではないとしても）自由民主主義的社会において信奉されている価値と理想に変えることを帰結する，そのような試みの一部であると論じる人々がいます．異なる人間の社会とさまざまな社会集団は，異なった道徳的信念の制度を生み出し，支持します．このような信念の制度のいずれも，すべての人にとって正当であると考えるべき究極的な理由はありません．このような批判の線は，個人の自由と人格的平等という理想を侵害するようにみえる文化的，社会的な慣行を評価することにたいして，とくに適切です．女性および性的マイノリティーの権利は，この点でとくに問題があります．そのほかの点で，社会的に権威のある慣行と伝統とは，社会的な慣習が人権侵害に対する防御を与えないという理由で，人権の擁護者たちによって非難されてきています．これらの事例において，文化帝国主義と非難されてきている人権擁護運動もあります．しかし，私たちは，誰が，結局のところ，差別と平等の形態が持続することから利益を得るのかを問う資格があります．このような社会の内部で低い地位にあると非難される人々の生活と意見をより詳しく検証す

序　論

れば，必ずしも人権を社会のすべての構成員に外国の価値と理想を押しつける手段としてではなく，脆弱な人間を守る手段としての人権の確立に反対しているわけではないことを明らかにするでしょう．

　人権擁護運動もまた，いくつかの理由で既存の自由民主主義的な社会の選挙母体の内部から批判を受けてきました．関心のもっとも重要な領域は，人権への関与がテロリストの残虐行為を防ごうとする試みにおいて，政府の手と保安部隊の力を結びつけるという見方です．この論争の根底にあるものは，人権は，「世界人権宣言」が宣言するように，各々の人間が単に人間であることによって資格が与えられているものではないという仮定です．ですが，人権によって与えられる保護を受ける自分自身の主張の必須の条件として，あらゆるほかの人間の基本的権利を受け入れ尊重する用意がある人々に同意されるべきです．自称テロリストたちは，彼らの潜在的な犠牲者の生命に対する関心の欠如によって，この試験に落ちると考えられます．いくつかの事例においては，不当に政府が被疑者を拘留することを人権に基づいて制限すること，保安部隊が，潜在的な被疑者を確認する際に，監視と人種的なプロファイリングを通じて，個人のプライバシーを侵害することはすべて，〔一見すると対立しているとしても〕人権にたいしてこれらの行為が問題を含むにもかかわらず，西欧の国々において一定の民衆の支持を受けています．

　結局，それは生存を脅かすことにたいして自分を守ろうとする本質的に人間的な本能であるのはもっともなことです．問題は，そのような脅威がどのように実在的であり，広がっているかということです．さらに重要なことは，この論争の多くが，単純に自称テロリストたちが発生する条件を回避し，見落としてしまうことです．それによって，差別と不平等を永続させるような予防的なメカニズムは，結局，差別と不平等の経験を決して正当化しないとしても，自称テロリストたちが追及する諸行動に対する主たる動機を与える人々の怒りに油を注ぐことにしかなりません．

　人権は進化し，発展し続ける原則であると理解されるべきです．人権は，具体的に，道徳的な価値のすべてのものにたいして，道徳的なひな形を与えません．（持つことが道徳的に善である多くのものがあります．すなわち，他者を愛すること，人の仕事を評価し，認めること，人間としての十分に潜在的なものを実現することです．それらは基本的人権と考えられるべきではありません．）

> 人権の正当な目的は，重大な組織的な人間の被害を取り除くことです．

　人権は完全な世界を創造したり，新しい世俗的な理想世界の像を表現したりすることを目的としません．実際，人権の正当な目的は，むしろもっと穏やかです．すなわち，重大な組織的な人間の被害を取り除くことです．すべての人間が人権を享受した世界は，私たちが以下のページで地図を作り上げる悲しむべき諸要件の多く，あるいはすべてを含まないものです．それは独裁的な支配者のいない世界であり，拷問，不当な囚獄，そして威嚇によって，反対者を沈黙させることのない，支配のない世界です．飢餓と清浄な飲料水がないために，毎年結果として何百万という早産による死のない世界，ジェノサイド（集団殺害）と民族的浄化が真にない世界です．それは私たちが住んでいる世界よりも非常に良い世界でしょう．

　このような世界を樹立することは，少数の人に制限された仕事ではありません．この仕事は，政治的な職務についたり，法的な職業を確保することを要求しません．それは，世界をより良い場所にする際に，特殊な技術や資格を積み重ねることを要求しません．それゆえ，それは，ほかの誰かが行う仕事ではないのです．真に人間的な世界を樹立することは，私たちすべてに対する挑戦であり，選ばれた少数者のものに対する挑戦ではないのです．

アンドリュー・フェイガン
コルチェスター，英国，2009 年

おもな人権協定

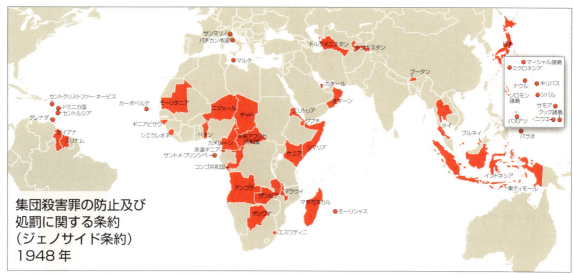

集団殺害罪の防止及び
処罰に関する条約
（ジェノサイド条約）
1948年

市民的及び政治的権利に
関する国際規約
（自由権規約）
1966年

訳者注：2019年3月時点、パキスタン、カタール、フィジー、マーシャル諸島、パラオ、ギニアビサウ、サントメ・プリンシペ（およびパレスチナ）は批准または加入

経済的・社会的及び文化的
権利に関する国際規約
（社会権規約）
1966年

訳者注：2019年3月時点、ミャンマー、カタール、フィジー、マーシャル諸島、パプアニューギニア、サントメ・プリンシペ、南アフリカ共和国、ベリーズ、ハイチ（およびパレスチナ）は批准または加入

未締約国

女子に対するあらゆる形態の差別の撤廃に関する条約（女子差別撤廃条約）
1979年

訳者注：2019年3月時点、ナウル（およびパレスチナ、南スーダン）は加入

拷問及び他の残虐な、非人道的又は品位を傷つける取扱い又は刑罰に関する条約（拷問等禁止条約）
1984年

訳者注：2019年3月時点、イラク、ラオス、パキスタン、アラブ首長国連邦、ベトナム、フィジー、マーシャル諸島、ナウル、バヌアツ、中央アフリカ共和国、コモロ、エリトリア、ガンビア、ギニアビサウ、サントメ・プリンシペ（およびパレスチナ、南スーダン）は批准または加入

児童（子ども）の権利条約
1989年

訳者注：2019年3月時点、ソマリア（およびパレスチナ、南スーダン）は批准または加入

第1部　国家，アイデンティティ，市民権

　人権を尊重するすべての政府において，自由は普遍的な価値であり，本質的な要素です．人々がみずからの自由を享受するためには，多くの条件が必要です．政治的なレベルでは，本質的には社会は民主主義の原理に基づいています．この民主主義の原理によって，人々はどのように，そして誰に統治されたいのかを決定することができるのです．

　ソビエト連邦の崩壊以降，民主主義国家は，理念的には確実に増加しました．しかし，政治権力の濫用とそれに続く人権侵害を防止するためには，民主主義的な社会制度と定期的な選挙を確立するだけでは十分ではないかもしれません．場合によっては，未熟な民主主義国家は継続的な汚職や選挙の不正操作に苦しめられます．そのような選挙は，それに対する抵抗がしばしば広範囲に及ぶにもかかわらず，支配する政府を変えることに，ほんの数例のほかは，ほとんど成功しませんでした．

　さらに進んだ民主主義的な社会では，増加する有権者のあいだで政治的無関心が広がることが心配され，そのほかにも政治的無関心は民主的に選ばれた政府の説明責任と代表制について重大な問題を提起します．

　さらに，未熟な民主主義社会，確立した民主主義社会にかかわらず，あらゆる選挙を拒否し，またそれ自身が必然的に伴う人権の基本的な侵害に自国民をさらし続けている，数少ない政治形態が残っています．

　自由を享受する機会はまた，基本的に富や物質的資源に対する利用可能性によっても影響を受けます．世界中いたるところで，富は平等には分配されていません．多くの発展途上国では，ゆがんだ貧困や低い経済成長のために，自由は著しく制限されています．これらの国々のほとんどの住民は，この貧困や低成長に苦しんでいます．

　とても貧しい生活状態において，富や資源の不平等な分配の影響がもっとも厳しいことは明らかです．それは，飢餓や慢性的な体調不良や基本的なサービスの欠落，早死の特徴があり，これは人権がきわめて脅かされている人々が経験するのです．これらの人々にとっては，真に自由な生活を送ることができる人権を約束されることは，依然としてはるかな夢なのです．

コロンビア：老人が大統領選挙の投票のため準備している．

政治的権利

真の民主主義は，例えば集会の自由や平和的な異議申し立てのような市民権や政治的権利といういくつもの衣装をまとっています．これらの権利が侵害されるおそれのある場合，政府の責任を問うことができる独立した司法権によって保護されるのです．

自由で公正な選挙の敗者が多数派政党による政治的抑圧から保護されるために，民主主義国家はまた，無差別と基本的平等とに対する権利を尊重しなければなりません．昔から差別されてきた少数派や集団の権利を反対に保護することは，有権者に不評なこともあるかもしれません．

大多数の国は公職に就く人を決定するために定期的な選挙が実施される程度にまでなると，「民主的だ」と主張します．しかし，民主主義という言葉は濫用可能な用語なのです．

「民主主義」に対する権利は，どの国連規約においても明確に述べられているわけではありません．しかし，市民的及び政治的権利に関する国際規約の多くの条項において，暗に示されています．人権の観点からみれば，民主主義が本物であるためには，定期的な選挙よりもより多くのことが要求されます．このような選挙は，「1人1票」制に基づき，自由で透明に行われなければなりません．そして，人々は監視や脅迫なしに無記名で投票できなければなりません．

冷戦の終結が民主主義国家の成長を世界中にもたらしたと広く考えられていますが，現実はさらに複雑です．名目だけの民主主義国家は，基本的人権を十分に法制化することはなく，人権侵害をとても頻繁に犯します．

政治制度
2009年

- 確立した民主主義
- 弱い，不確かなあるいは過渡期の民主主義
- 事実上の，あるいは形式的なひとつの政党の支配
- 軍事独裁
- 専制制あるいは神権制
- 無秩序の国家
- 属領

法的には…
すべての人民は，自決の権利を有する．この権利に基づき，すべての人民は，その政治的地位を自由に決定しならびにその経済的，社会的および文化的発展を追求する．

市民的及び政治的権利に関する国際規約（B規約），1966年，第1条

ベネズエラ
ウゴ・チャベスは，1998年にはじめて選挙で選ばれた大統領である．彼は数々のクーデターの試みの中を生き残った．そして3度の大統領選を勝ち抜いた．2007年に，国民投票はかろうじて，彼の権力を拡大するという提案を拒絶した．しかし，2009年には，有権者は大統領の任期の制限を取り払うという提案を支持した．

パラグライ
保守的なコロラド党の支配は2008年にフェルナンド・ルラ司教が大統領選で勝利を収めたことによって終わった．

真の民主主義国家は政治的抵抗と抗議に寛容である．そして市民がかれらの見解を支持するためにデモ行進を行うことを認める．

国家，アイデンティティ，市民権

EU（ヨーロッパ連合）
2009年のヨーロッパ議会選挙で、極右政党がオーストリア，デンマーク，フィンランド，ハンガリー，オランダ，スロバキア，英国で成功を収めた．

ジョージア（グルジア）
前のソビエト連邦の中で，ジョージアは民主主義を建設することに向かってもっとも進んでいるようにみえる．多くの問題が残っているにもかかわらず，抗議行動は首都トビリシにおける生活の形態として確立された．2009年に，抗議者は，大統領宮殿の外に一時的な「村」を建設した．そしてサーカシュビリ大統領の退任を呼びかけた．

キルギス
前のソビエト連邦であるキルギスは，安全な民主主義制度を確立しようと戦っている．2009年の第2回議会選挙前日に指導的な反対派の候補が公職に立候補することを禁止された．選挙は自由と公平に不十分であると広く批判された．

ネパール
君主制による数世紀の支配の後に，憲法制定議会選挙が2008年に行われた．割当制度によって女性に対する33パーセントの割当てを含めて，少数民族の政治参加を保証している．かつての反乱軍であるネパール共産党（毛沢東主義派）は最大の議席を獲得し6政党の連立政権を導いた．

コートジボワール
ローラン・バクボは，2000年の選挙で，武装衝突と内戦によって急激に劣悪化した状態を統括した．彼の最初の5年の任期は，国連の平和計画のもとで続いた．何回もの選挙が暴力行為のために延期された．

ソマリア
この国は，1991年以来，数多くの民兵の司令官によって分割され戦闘中である．2009年には，シェイク・シャリフ・シェイク・アフマドのもとでの過渡的政府は，近隣のジブチにその起源をもつ議会によって選ばれた．ソマリアは非常に危険な状態にあると考えられる．

パキスタン
不安定な民主主義のもとでの普通選挙が2008年1月に行われる予定だった．しかし，パキスタン人民党のベナジール・ブットが2007年の終わりに暗殺されたことで頂点に達した暴動の後で，2月まで延期された．

イラン
イスラムの聖職者のエリートに権力が比較的委授けられているが，イランは大統領職と立法府の選挙が行われている．2009年に現職の大統領アフマディネジャドが驚くほど大多数で再選されたが，不正投票があったとして，広範囲で公的な抵抗と申し立てがあった．

市民権

投票の機会は，市民権の享有において基本的なものです．1990年代初頭以降，投票できる人の数は著しく増加し，その大部分はソビエト連邦やそのほかの国の社会主義国家の崩壊によるものでした．

この発展にもかかわらず，自分たちの代表者を自由に選出するために，多くの人々は重大な制約を経験しています．年齢，性別，公務員，軍人，失業状態，さらに婚姻状況に基づいて，制限される有権者がいます．逆に，ほかの国々では，投票は，投票名簿に登録された人々すべてに対しての義務であり，投票の怠慢や拒否は刑事訴追される可能性もあります．

多くの国々では棄権者が多く，重要な国政選挙でさえも投票率は低いままです．有権者は，さまざまな理由をつけて，みずからの選挙権を行使しません．これには，政治に対する関心の欠如，政治家に対する幻滅，そして立候補者間の実質的な相違が取るに足りないものであるという考えが含まれます．有権者はまた，それが不当な選挙だと思うときに，異議申し立ての意思表示として，投票しないことを選択するかもしれません．

法的には…
すべての市民は，…次のことを行う権利および機会を有する．普通かつ平等の選挙権に基づき秘密投票により行われ，選挙人の意思の自由な表明を保障する真正な定期的選挙において，投票し，および選挙されること．

市民的及び政治的権利に関する国際規約（B規約），1966年，第25条（b）

…アメリカ人の **57パーセント**しか 2008年の **大統領選挙**で投票しなかった…

選挙権者の投票率
議会選挙における最近のデータ

- 80％以上
- 70～79％
- 60～69％
- 50～59％
- 50％以下
- データなし

p.14～15 おもな人権協定

富と不平等

世界には，富の著しい不平等があります．地球上には莫大な資源があるにもかかわらず，世界の人口の半分近くが，厳しい貧困の影響に苦しみ続けています．

約30億の人々が，1人1日2ドルという世界銀行が設定した貧困所得線上，あるいはそれ以下で生き延びようとしています．その一方で，約800人にのぼる10億ドル長者と数え切れないほどの百万ドル長者が存在します．その中のかなりの数の富裕層が，極度の貧困の中で生活している人口が多い国々で見出すことができます．

世界規模の（グローバルな）景気後退のときでさえも，十分な食糧，信頼できるきれいな水道，そして病気になったときの医療などの，基本的な生存手段を人々から奪い取る絶対的貧困を根絶するのに十分な財政上の資金があります．このような絶対的貧困は，基本的人権に対する圧倒的な影響力をもっています．

2000年に国連は，2015年までに極度の貧困による影響を克服するための8つのミレニアム開発目標を設けました．ある程度の進展はありましたが，一般的には目標期日までに十分には実現されないだろうと広く考えられています．実際，世界規模の景気後退のために，たとえば，2008年には約9,000万人に増加した絶対的貧困所得線以下で生活する人々の数を減少させることなどのわずかばかりの進展さえ後退したのです．

国家，アイデンティティ，市民権

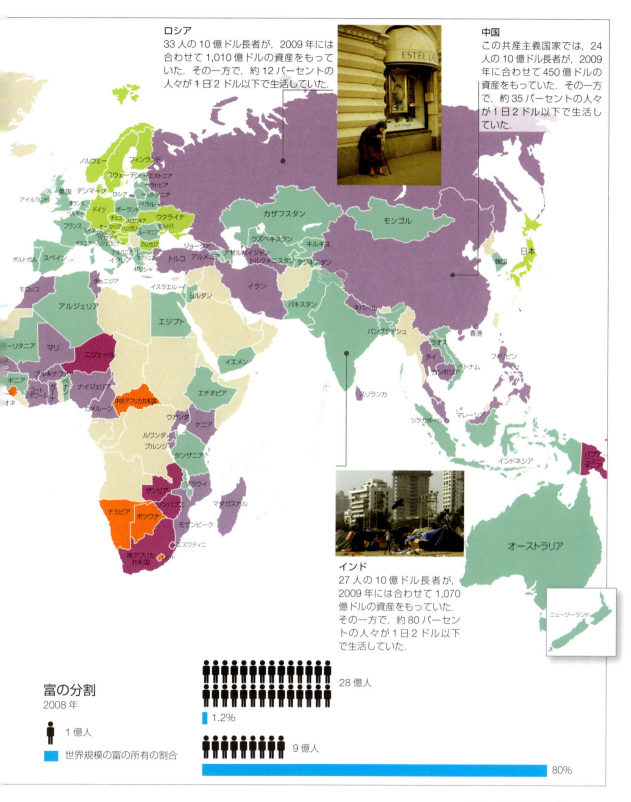

ロシア
33人の10億ドル長者が，2009年には合わせて1,010億ドルの資産をもっていた．その一方で，約12パーセントの人々が1日2ドル以下で生活していた．

中国
この共産主義国家では，24人の10億ドル長者が，2009年に合わせて450億ドルの資産をもっていた．その一方で，約35パーセントの人々が1日2ドル以下で生活していた．

インド
27人の10億ドル長者が，2009年には合わせて1,070億ドルの資産をもっていた．その一方で，約80パーセントの人々が1日2ドル以下で生活していた．

富の分割
2008年

1億人

世界規模の富の所有の割合

28億人 — 1.2%

9億人 — 80%

p.24〜25 生活の質

生活の質

生活の質は，さまざまな経済的および社会的権利に基づいています．これらの権利は，十分な食事に対する権利，飲むことのできるきれいな水の利用，そして尊厳ある生活を導くことに合致するあらゆるレベルの発展を含んでいます．

これらの権利を実現するための条件は，主として財源の配分に依存しますが，生活の質は，その国の国民総所得の大きさに単純に等しいわけではありません．重要なことは，国がどれだけの富を所有しているかではなく，その国のすべての市民の経済的，社会的諸条件を高めることに対してどの程度の富が費やされるかです．多くの国には，国富と生活の質の指標のあいだに大きな不均衡があります．

より直接的には，飲めるきれいな水の利用と栄養不良のレベルの程度は，単に人々の生活の質に悪影響を及ぼすだけでなく，人々の生存能力をも脅かす条件に関するきわめて明確な指標を提供します．この点において，数百万という多くの人々の生活に対する基本的人権は，来る日も来る日も脅かされているのです．

…1万6,000人の子どもたちが飢餓に関連した原因で死亡する…

人間開発指数の比較

人間開発指数（HDI）の数値 2005年
人間開発指数（HDI）は平均余命および国民の教育レベル，1人あたりの国民所得によって評価する．

- 非常に低い
- 低い
- 普通
- 高い
- 非常に高い
- データなし
- ● HDIは各国の国富が示す値よりも低い

法的には…

この規約の締結国は，自己およびその家族のための相当な食糧，衣類および住居を内容とする相当な生活水準についての，ならびに生活条件の不断の改善についてのすべての者の権利を認める．

経済的・社会的及び文化的権利に関する国際規約，1976年，第11条，第1項

食料の欠乏

発展途上国における栄養不良の人々の数 1990～1992年および2003～2005年

- 1990～1992年
- 2003～2005年

アジア・太平洋諸国：5億8,200万人／5億4,200万人
サハラ砂漠以南のアフリカ諸国：1億6,900万人／2億1,200万人
中南米・カリブ海諸国：5,300万人／4,500万人
近東・北アフリカ：1,900万人／3,300万人

国家，アイデンティティ，市民権

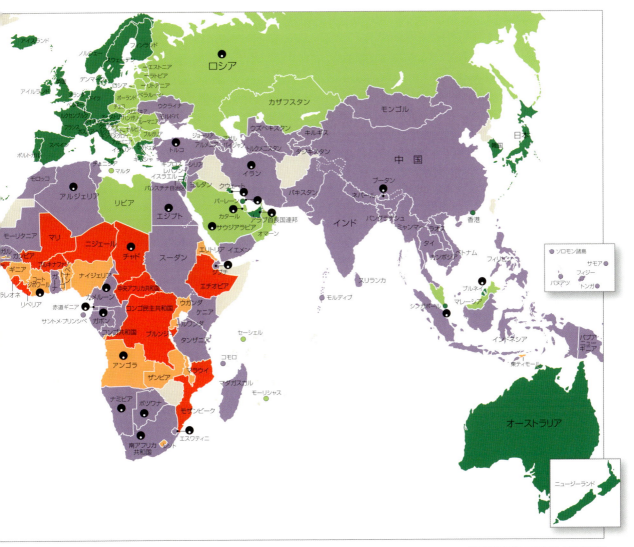

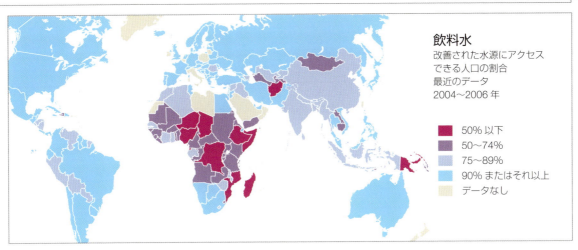

飲料水
改善された水源にアクセスできる人口の割合
最近のデータ
2004〜2006年

- 50%以下
- 50〜74%
- 75〜89%
- 90%またはそれ以上
- データなし

健　康

健康に対する権利は，すべての市民が肉体的および精神的な健康を享受できる条件を増進させる義務を国家に課します．

健康な生活を送るのに必要な資源に対する人権についての認識は，最近とみに進展しています．また，多くの国は現在，健康問題に取り組む人権条約に関与しています．以前には，実現不可能な要望として，このような要求を退けてきた国々がありました．

健康な生活をいとなむ機会は，単に病気や疾患がないことを越えて広がりつつあります．国家は公共医療サービスと住民の健康を増進させようと努めることが求められます．公共サービスの利用における著しい格差は，すべての市民の健康権に取り組む政府の失敗を示しています．財政的な資源は重大な要因ですが，効果的な政策を実施することも同様に重要です．健康の増進は，教育，栄養，そして妥当な生活水準に対する権利の組合せに取り組むことによって達成されます．

さまざまな人権の侵害は健康に対する悪影響を及ぼします．差別的な政策と行動は，直接に健康障害の一因となり，個人が適切な治療を受ける可能性に悪影響を及ぼすことがありえます．

タバコの生産，販売促進活動，そして消費は，少数の多国籍企業がどのように人権に対して広範囲に悪影響を及ぼし得るのかについての一例です．それには，児童労働の使用や危険で不衛生な労働条件の利用，子どもや大人に対するタバコ製品の販売促進，市民が喫煙の有害な影響を十分に認識しあるいは受動喫煙のリスクから保護されることを保証することへの政府の失敗が含まれます．

法的には…
この規約の締結国は，すべての者が到達可能な最高水準の身体および精神の健康を享受する権利を有することを認める．

経済的・社会的及び文化的権利に関する国際規約（A規約）1966年，第12条

生命のための教育
「…死亡率と学歴は反比例する．すなわち，平均的死亡リスクは学歴が向上すると著しく減少する…」

アメリカ合衆国の10万人あたりの死亡率
- 高等教育を修了しない人　529
- 高等教育修了者　465
- 大学程度　200

米国人口動態調査レポート
2009年4月

人権と健康の結びつき

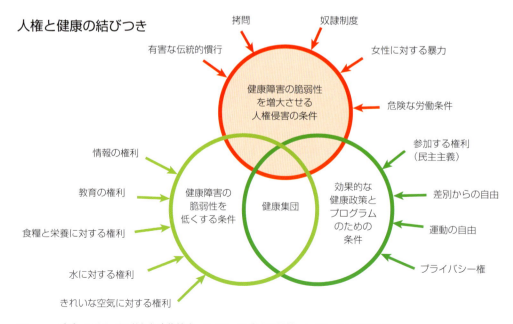

国家，アイデンティティ，市民権

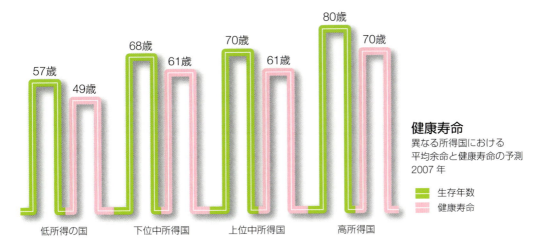

健康寿命
異なる所得国における
平均余命と健康寿命の予測
2007年

- 生存年数
- 健康寿命

低所得の国 / 下位中所得国 / 上位中所得国 / 高所得国
57歳 / 49歳 / 68歳 / 61歳 / 70歳 / 61歳 / 80歳 / 70歳

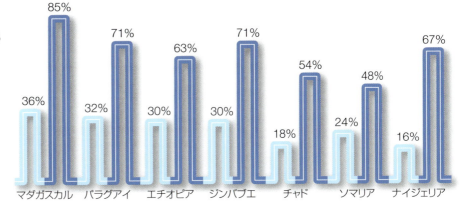

教育と健康
麻疹の予防接種を受けている
母親の学歴の関係
最近のデータ
2000〜2007年
最大の格差のある国々

- 最低度の学歴
- 最高度の学歴

マダガスカル 36%／85%　パラグアイ 32%／71%　エチオピア 30%／63%　ジンバブエ 30%／71%　チャド 18%／54%　ソマリア 24%／48%　ナイジェリア 16%／67%

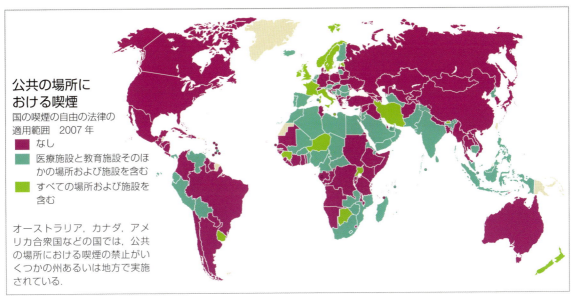

公共の場所における喫煙
国の喫煙の自由の法律の
適用範囲　2007年

- なし
- 医療施設と教育施設そのほかの場所および施設を含む
- すべての場所および施設を含む

オーストラリア，カナダ，アメリカ合衆国などの国では，公共の場所における喫煙の禁止がいくつかの州あるいは地方で実施されている．

p.52〜53 武器貿易，p.74〜75 女性の市民権，p.92〜93 教育，p.94〜95 子どもの死と健康

第2部　司法侵害と法規制

　国家は人権という領域において，難しい，時には矛盾した立場におかれています．一方で国家は，個人の人権を尊重し，保護し，発展させる責任と法的義務をゆだねられています．他方では，国家はまさに最大の人権侵害者でもあります．このパラドックスは，いたるところで人権擁護者たちに，複雑な問題や課題を提起します．

　すべての国家が必ずしも，同じように人権を侵害しているのではなく，いくつかの国家で明らかに深刻な侵害があるということです．国家が人権を擁護するよりもむしろ，侵害する可能性があるかどうかを見極める際の重要な要素は，法の支配に基づいた確固とした制度があるかどうかにあります．国際的な人権原則を尊重するという法の支配に基づいた国家は概して，人権を直接に侵害する罪を犯しません．ですが，多くの国家，また多くの公務員が，人権に関する責務を無視し続けています．もっとも顕著な例は，国家が政策あるいは目標を追求する手段として再び拷問を行うようになったことです．近年のいわゆる「テロとの戦い」は，テロの容疑者を追跡する際，民主主義が確立されている国家が拷問という深刻な人権侵害に訴える光景を引き起こしました．

　拷問を行ってきた国家は，結果として人権の擁護者という資格を失ってしまいました．ほかにも，政府による不当逮捕や，警察による市民に対しての残虐行為などがあります．これらの行為は，多くの人々の人権を制限する手段として用いられてきました．国家によるもうひとつの人権侵害は，死刑の執行です．死刑制度を維持する国々において，死刑は法の支配の範囲内にあるといってよいでしょう．その一方で，多くの人々が，国家が生命を奪うことは基本的人権の侵害であると考えています．

中国
この女性は，拷問による自白によって10年以上死刑判決下におかれている息子の写真を見せている．

拷問

拷問は，国際的な人権法のもとで，例外なく，どのような状況においても明確に禁止されています．145を超える国々が拷問等禁止条約を批准しているにもかかわらず，拷問は依然として広範囲で行われています．

拷問は，身柄を拘束したり監禁したりする場所で行われる可能性が高いです．通常，拷問を行う者は国家の職員であり，その犠牲者は，治安や国家安全保障を実際に，あるいは将来脅かすとして，標的とされた人々です．拷問はありふれた犯罪捜査でも，被疑者から自白を引き出す手段として行われます．拷問行為で起訴された国家の職員はほとんどおらず，また拷問を行うことを承認している国家もほとんどありません．

拷問を法的に禁止することは，いったい拷問とみなされるものは何かという長年続いている問いを隠蔽してしまいます．また，罪を犯した人間を拷問することによって，罪のない人々が甚大な被害に巻き込まれることを避けられるなら，拷問は道徳的に問題がないと論じる人々もいます．アメリカ合衆国のいわゆる「テロとの戦い」は，リベラルな民主主義諸国において拷問という行為がいまだに行われているのだということを著しく浮かび上がらせました．拷問は紛れもない人権侵害であるにもかかわらず，拷問を支持し，実行しているのは，独裁国家に限ったことではないということに私たちは気づかされたのです．

拷問の執行者
2007〜2008年

- 記録された拷問の事例がある国
- 拷問の可能性がある国々に外国人を送還している国
- データなし

カナダ

アメリカ合衆国

ポーランドのスチトノ・スジマニ空港は米国の「テロとの戦い」において，テロリストの囚人特別引き渡しのためにCIAによって使用された．それは，抑留者の拷問がありうる，いわゆる「ブラック・サイト（アメリカ合衆国の国外にある秘密軍事施設）」の一つである．

法的には…

この条約の適用上，「拷問」とは，身体的なものであるか精神的なものであるかを問わず人に重い苦痛を故意に与える行為であって，本人もしくは第三者から情報もしくは自白を得ること，本人もしくは第三者が行ったかもしくはその疑いがある行為について本人を罰すること，本人もしくは第三者を脅迫しもしくは強要することその他これらに類することを目的としてまたは何らかの差別に基づく理由によって，かつ，公務員その他の公的資格で行動する者によりまたはその扇動によりもしくはその同意もしくは黙認のもとに行われるものをいう．「拷問」には，合法的な制裁の限りで苦痛が生ずることまたは合法的な制裁に固有のもしくは付随する苦痛を与えることを含まない．

国連・拷問及び他の残虐な，非人道的な又は品位を傷つける取扱い又は，刑罰に関する条約 1984年，第1条

ブラジル
ブラジルは刑務所に収容されている人数は人口比で世界最大レベルにある．刑務所および留置所の状態は劣悪である．拘留されている人々を裁判開始前に拷問することは，この国では日常的であると報告されている．

司法侵害と法規制

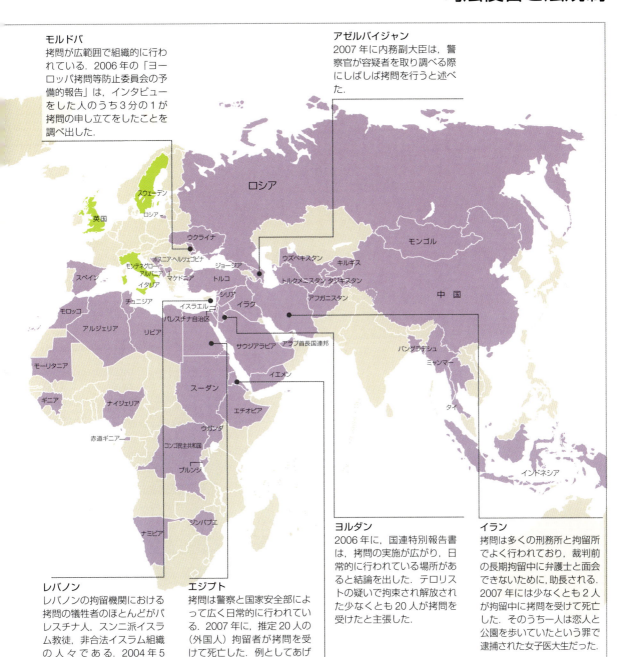

モルドバ
拷問が広範囲で組織的に行われている．2006年の「ヨーロッパ拷問等防止委員会の予備的報告」は，インタビューをした人のうち3分の1が拷問の申し立てをしたことを調べ出した．

アゼルバイジャン
2007年に内務副大臣は，警察官が容疑者を取り調べる際にしばしば拷問を行うと述べた．

レバノン
レバノンの拘留機関における拷問の犠牲者のほとんどがパレスチナ人，スンニ派イスラム教徒，非合法イスラム組織の人々である．2004年5月，エジプト人移民労働者が治安部隊の兵士から拷問を受けたとの告発が功を奏して，15日間の拘留という有罪判決が下された．

エジプト
拷問は警察と国家安全部によって広く日常的に行われている．2007年に，推定20人の（外国人）拘留者が拷問を受けて死亡した．例としてあげると，拷問には以下の方法がある．電気ショック，殴打，苦痛を感じる体勢での宙づり，独房監禁，強姦および死への恐怖を与えること，性的虐待および親族への攻撃．

ヨルダン
2006年に，国連特別報告書は，拷問の実施が広がり，日常的に行われている場所があると結論を出した．テロリストの疑いで拘束され解放された少なくとも20人が拷問を受けたと主張した．

エリトリア
2007～2008年のあいだに，福音主義教会の会員は，信仰を放棄するよう組織的に拷問された．

イラン
拷問は多くの刑務所と拘留所でよく行われており，裁判前の長期拘留中に弁護士と面会できないために，助長される．2007年には少なくとも2人が拘留中に拷問を受けて死亡した．そのうち一人は恋人と公園を歩いていたという罪で逮捕された女子医大生だった．

不当勾留*

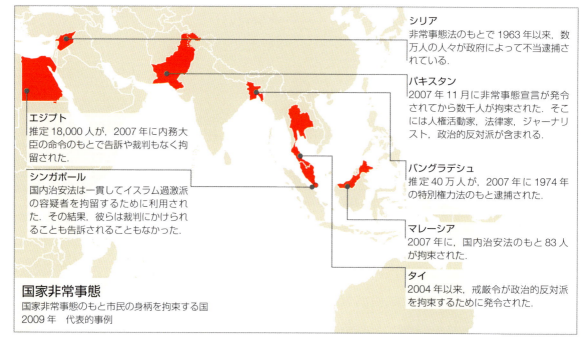

シリア
非常事態法のもとで1963年以来，数万人の人々が政府によって不当逮捕されている．

パキスタン
2007年11月に非常事態宣言が発令されてから数千人が拘束された．そこには人権活動家，法律家，ジャーナリスト，政治的反対派が含まれる．

エジプト
推定18,000人が，2007年に内務大臣の命令のもとで告訴や裁判もなく拘留された．

シンガポール
国内治安法は一貫してイスラム過激派の容疑者を拘留するために利用された．その結果，彼らは裁判にかけられることも告訴されることもなかった．

バングラデシュ
推定40万人が，2007年に1974年の特別権力法のもと逮捕された．

マレーシア
2007年に，国内治安法のもと83人が拘束された．

タイ
2004年以来，戒厳令が政治的反対派を拘束するために発令された．

国家非常事態
国家非常事態のもと市民の身柄を拘束する国
2009年　代表的事例

　どの国家でも，主要な権力の一つは人々を拘束し監禁することができることであり，いくつかの国では，政治的な統制の手段として，不当に市民の身柄を拘束しています．

　機能しているすべての国家は，法を施行し，必要な場合には，合法的に拘留し，裁判にかけ，刑法にのっとって有罪判決を下します．多くの国では，これらの機能が確立した法的正義の原則に従って行使されることを保証するために，安全装置が存在します．

　「市民的及び政治的権利に関する国際規約」は，160か国以上で批准されてきました．しかし，いくつかの国は国民を支配するための手段として，市民を不当逮捕し，人権を侵害します．政府による不当逮捕は，国家条項や国家非常事態宣言に基づいてしばしば実行されます．人権侵害の事例には，国際法遵守という装いもとらずに進められるものもあります．

　政府によって不当逮捕された人々の多くは，平和的な政治活動を追い求めた結果として国家に目をつけられたのです．そのうちの何人かは，裁判にかけられ，有罪判決を下されてきました．また政治犯にされた人もいます．国家非常事態宣言のようなさまざまな法的メカニズムは，国家反逆罪の陳述，公共の秩序のための法制や扇動罪など，政治的抑圧に法的正当性をもたせるために利用されるのです．

＊（訳者注）原語はarbitrary detention．訳語として，「恣意的拘留」，「恣意的拘禁」，「恣意的拘束」などがあるが，arbitraryが，ここでは「法的手続きに基づかない当局の判断に基づく」という意味で法律的には不当なものであることを明らかにするために，本文の訳を使用した．

グアンタナモ湾にあるキャンプ・デルタ基地はアメリカ合衆国がテロ容疑で拘束した人々に電気ショックを与えた．2009年に，オバマ大統領は閉鎖を約束した．

…中国における推定50万の人々が告訴なしにあるいは裁判なしに刑罰上の拘束に従属した…

法的には…
すべての者は，身体の自由および安全についての権利を有する．何人も，恣意的に逮捕されまたは抑留されない．何人も，法律で定める理由および手続によらない限り，その自由を奪われない．

市民的及び政治的権利に関する国際規約（自由権規約）
1966年，第9条

司法侵害と法規制

ギリシャ
ギリシャ当局はEUの法制に反して，移民と難民を政府が不当逮捕しているという理由で非難されている．

ガンビア
ジャーナリストと政治的反対者が政府によって不当逮捕されている．

赤道ギニア
多年にわたって政治的抑圧の手段として，政府による不当逮捕が永続的に行われている．

ブルンジ
112人の政府による不当逮捕者が2007年1月に記録されている．実際は数百人以上と推定されている．

アンゴラ
ドス・サントス大統領の統治は，多くの政治的反対者を不当逮捕し拘留していると非難されている．

イラク
6万人の囚人が，2007年11月に，多国籍軍とイラク治安部隊によって告発なしに拘留されていた．

イスラエルとパレスチナ自治区
2007年にイスラエルは9,000人を超えるパレスチナ人と子どもたちを，告発も裁判もなく拘束していた．多くは数年にわたって拘留されていた．

ガザにおけるハマス民兵軍は，1,500人以上を拘留した．その多くは，2007年から敵対している組織ファタハの構成員であった．

スリランカ
当局は1,000人以上のタミル人を2007年後半にコロンボの自爆テロに関与したとして拘留した．

フィリピン
政治活動家と政治家を政府が不当逮捕している．

市民の拘束
不当逮捕が行われている国
2009年　代表的事例

鎖に繋がれた囚人たち．政治的拘留者でミャンマーにあるカチン州の州都であるミッチーナの強制労働収容所で軍部施設を建設している．

政治囚
政治囚がいる国
2009年　代表的事例

シリア
2008年に推定4,000人の政治囚がいた．そのほとんどがムスリム同胞団と共産党の構成員である．2007年だけで1,500人が収監されていた．

エリトリア
数百人の政治的反対者が2001〜2008年のあいだに収監されていた．そこには前政府の11人の大臣が含まれ，解放運動のベテラン指導者も民主主義的改革を呼びかけたという理由で秘密裏に拘留されていた．

キューバ
2008年に推定220人の政治囚がいた．彼らは，民主主義的参加に対して政府が持続的に制限を課していることに反対していた．

エチオピア
2005年に拘留されており野党の数百人が，2008年に裁判もなくなおも拘留されていた．

ミャンマー
2008年には推定2,100人の政治囚がいた．彼らのうちで1,000人以上が2007〜2008年のいわゆる「サフラン」抗議行動の参加者であった．

中国
2008年に推定16,460人の政治囚がおり，広範囲の政治集団と民族集団からなっていた．

死　刑

　死刑は複雑でとても深刻な人権問題を引き起こします．死刑は，長い歴史と多くの宗教・伝統によってさまざまな形態があります．しかし，アメリカ合衆国と中国のようなまったく異なった社会の共通点でもあります．

　死刑反対論者の議論は，「世界人権宣言」（UDHR）第3条および第5条に基づいています．「世界人権宣言」第3条は裁判による殺人あるいは裁判によらない殺人が明らかに両立しない一方，「世界人権宣言」第5条は，特に死刑判決を受けた者の執行延期の条件とその執行方法に対して適用されます．例えば，アメリカ合衆国では，死刑判決を受けた人々は，死刑が執行されるまで，10年まではいかなくても何年ものあいだ，死刑囚監房に拘束されることがあります．このことによって多くの人々が，やはり死刑は残虐で，非人道的で，かつ品位をおとしめる行為だと考えます．

　「世界人権宣言」に加えて，「市民的及び政治的権利に関する国際規約（ICCPR）・第2選択議定書」（死刑廃止議定書）は，死刑を基本的人権の侵害とであると特徴づけ，廃止するための国際的にもっとも協調的な試みを表すものです．2009年までに国連加盟国のうち71か国だけがこの議定書に批准していましたが，署名国の数は着実に増加しています．約70か国は，死刑を公式に廃止してはいませんが，実際は死刑を行っていません．

死刑に反対する国際的取組み

1948年　国連は世界人権宣言を満場一致で採択した．

…アメリカ合衆国における死刑判決1976～2007年　その79パーセントは，事件の被害者が白人であった…

死刑執行の方法
国や文化によって死刑の方法は異なる．

- 断首
- 電気による死刑
- 絞首刑
- 毒物の注射
- 射殺
- 石打ち

法的には…
すべて人は，生命，自由および身体の安全に対する権利を有する．…何人も，拷問または残虐な，非人道的なもしくは屈辱的な取扱いもしくは刑罰を受けることはない．
世界人権宣言1948年，第3条および第5条

現行の議定書の締結国内の何人も死刑を執行されるべきではない．
ICCPR第2選択議定書1989年

司法侵害と法規制

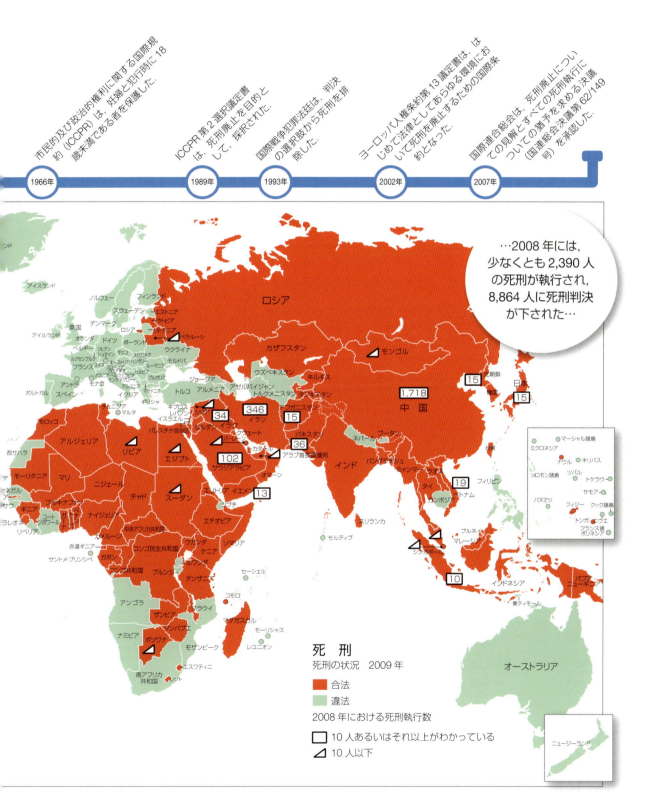

警察活動

政府は，市民の安全を守るという基本的な義務を負っていますが，警察官が，市民の人権に対してきわめて頻繁に保護者というよりもむしろ侵害者となります．

警察〔権力〕は，法律を遵守する市民が自身および財産に対して侵害されないことを保証するという重大な役割を果たしています．警察〔権力〕は，平和集会や抗議行動など，基本的人権の行使においても重大な役割を果たします．

残念ながら，世界中の人権を擁護する人々がきわめて頻繁に警察から疑いをかけられ，またあからさまな敵意にさえも遭遇してきました．多くの場合，このような敵意は，警察官がさまざまな方法で人権を侵害することにまで広がってきました．これには，違法な殺人，拘留された人々に対する拷問や虐待，犯罪の容疑をかけられた人々に対する暴行や脅迫，異議を申し立てる無実の人々に対する殺人，そして公衆のデモを取り締まる不当で行き過ぎた警察活動を含んでいます．

警察による人権侵害
代表的な事例

アメリカ合衆国
国連拷問禁止委員会は，電気ショックによって人を無力化するテーザー銃（電気銃）は残酷で非人間的で人をおとしめ，刑罰にあたるとみなした．2001〜2006年のあいだに，150人を超える人々がテーザー銃によってショックを与えられたのちに，警察の拘留中に死亡した．

アメリカ合衆国
ニュー・オーリンズの組織 Safe Streets/Strong Communities 安全（な街と強いコミュニティ）による2006年の調査によって，調査したアフリカ系アメリカ人の大多数にあたる72パーセントが言葉による虐待，公衆の前の裸体検査あるいは身体的虐待を受けていることが明らかとなった．

バハマ
環境問題の活動家であるエマニュエル・マッケンジーは2008年に，資金集めのイベントで軍警察合同保安部隊によって襲撃され，酷い扱いを受けた．彼は手錠をかけられ，空き地まで引きずられ，頭に銃を当てられた．イベントの参加者の何人かも殴打され，酷い扱いを受けた．

ベネズエラ
警察は毎年900人の殺人に対して責任があると推定される．2009年に，内務大臣で公務大臣のタレク・エル・アイサミは国の犯罪の20パーセントに警察が関与していることを認めた．

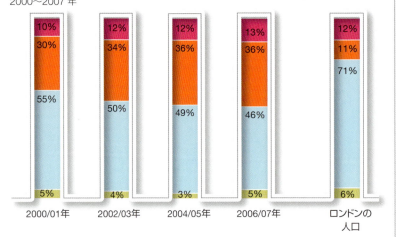

差別待遇を行う警察活動
ロンドン警察による職務尋問や身体検査を受けた人々の人種的背景
都市人口における人種的配分の比較

- アジア系
- アフリカ-カリブ系
- 白人系
- 他／不明

2000〜2007年

	2000/01年	2002/03年	2004/05年	2006/07年	ロンドンの人口
アジア系	10%	12%	12%	13%	12%
アフリカ-カリブ系	30%	34%	36%	36%	11%
白人系	55%	50%	49%	46%	71%
他／不明	5%	4%	3%	5%	6%

あらゆる市民は人種や民族性によって差別されない基本的人権をもつ．職務尋問や身体検査を受けた人々の人種的背景についての統計は，不釣り合いに多くのアフリカ-カリブ系の人々が警察官に標的にされていることを示している．

司法侵害と法規制

英国
2005年に，警官たちがロンドンの地下鉄でブラジル人ジェアン・シャルレス・デメネゼスを至近距離から射殺した．彼は，まったく無実であったが，激しい非難のなか活動中のテロ爆弾容疑者と誤解された．警察官は起訴されていない．

アルバニア
2000～2005年のあいだに，未成年を含む140件以上の警察による拷問や虐待の疑いがある．

バングラデシュ
2008年に政治集会の禁止を解除したにもかかわらず，警察は，平和集会を散会させるために，こん棒と小銃を使用し，少なくとも30人のデモ参加者を負傷させた．

シリア
2007年に，シリア政府は，1970年以来推定17,000人の「失踪」に保安部隊が関与したことを認めなかった．その多くは所在不明のままであり，シリア軍によって殺害されたか，その監禁下にあると考えられている．

コートジボワール
2008年に，主食の価格高騰に抗議するために，アビジャンで道を封鎖し，タイヤを燃やした数百人のデモ参加者を警察が散会させた．警察は催涙ガスと実弾を使用した．女性を含む2人が死亡し，10人以上が負傷した．

ケニア
2007年に，論争となった選挙のあとの政治的動機による民族抗争と関連する警察官殺害により，1,000人以上が死亡した．政府は，この女性の兄弟とほかの9人の死刑執行を含む，警察が関与した拷問と不法な殺害の申し立てを調査しなかった．

インド，ジャンムー・カシミール州シュリーナガル
2008年には，ジャンムー・カシミール州において暴動が数回にわたり勃発した．警察は過大に武力を行使し60人以上を射殺した．

p.66～67 人種差別

第3部　表現の自由と検閲

　活力のある市民社会は市民的および政治的権利を保護するのに欠くことができないと，一般に考えられます．市民社会は，個人や集団が，自分たちを表現し，他人と討論し，一般に普及している正統派の信念に挑戦し，同じ考えをもった個人同士で自由に結びつき，特定の興味や関心を保護し促進するためにグループやコミュニティを形成することができる，不当な国家による規制や干渉のない空間を提供します．

　すべての人の人権を保護し促進することには，市民社会のいくつかの観点から制約を課す必要があります．例えば，表現の自由は，他人に対する暴力や嫌悪をあおりたてようとする，いわゆる「ヘイトスピーチ」あるいはそのような表現や結社を含むことまで広げるべきではないと，多くの人々は主張します．表現と結社の適法な形を，人権を脅かす対立する違法な形からどこで明確に区別するべきかは，多くの国々で依然として激しい論争の問題です．

　世界中の多くの人々は，自分たちが発言しようと努める事柄や手を結びたいと願う人々に関して，適法な制約の範囲を越えて，国家による大規模で完全に違法な干渉に直面しています．多くの国々は，国家，政府，国民，支配的な宗教あるいは国家イデオロギー，そしてその他多くの公共団体，象徴，慣習制度などを公然と批判する人々に，厳しい制限を課します．この措置が，とりわけジャーナリストや独立系報道機関に厳しく影響を及ぼしてきたことは驚くべきことではありません．

　近年，インターネットの発展は，自由な表現や結社のための新しい空間とともに国家による検閲に対する新しい挑戦を創り出してきました．そして，多くの国家は，インターネットの監視や検閲の形態を創り出し，そのような監視と検閲によって仮想空間の市民社会の発達を妨げようと努めてきたのです．

台湾：中国への抗議を行う人々．

言論の自由

意見や見解の表現は，個人の自由の基本的特性と広くみなされます．

「市民的及び政治的権利に関する国際規約」の本文と広く支持された見解はいずれも，特定の状況のもとではこの権利を制限する必要を認めながらも，その表現と言論の自由に対する権利は第19条で正式に述べられています．「ヘイトスピーチ」や公然と人を中傷する発言などの，他人の基本的権利の重大な侵害をもたらし得る表現と言論の形は制限される傾向にあります．その制限はまたおそらく，国際法の範囲内で，国家安全，公共秩序ないし公衆衛生や道徳の保障のために適用されます．

このような制限は濫用を招きやすいのです．多くの国々は，人権侵害と政治的抑圧に挑み，暴こうとする人々の言論と表現の自由をはく奪するために，この方法を組織的に利用してきました．

表現と言論の自由に対する権利をもっとも侵害され，制限されやすいのがジャーナリストたちであることは，驚くべきことではありません．これらの権利侵害は，従来の検閲や禁止から投獄や死にすらいたるまで，さまざまな形態をとります．近年，破壊活動，国家機密の漏えい，そして国益に反する活動などの反国家的な主張が，世界中のジャーナリストを拘留するために用いられたもっとも一般的な罪状でした．インターネットの拡大は，世界中で拘留されたメディアで働くすべての人々の45パーセントが，ブログ作成者，インターネットを使った記者，ネット編集者であるという事実に反映されています．

脅迫のもとのメディアの自由

「国境なき記者団」*の報道自由度ランキング
2009年

*訳者注　〔Reporters Without Borders: RWB〕フランスで1985年にロベール・メナールによって設立された．Reporter Sans Frontières: RSFの英語がReporters Without Bordersである．42ページにReporters without Frontiersがあるが，これは同じものと思われる．

- 76.0 以上
- 51.0〜75.9
- 26.0〜50.9
- 26.0 以下
- データなし

指標は報道自由度の侵害の報告に基づいている．

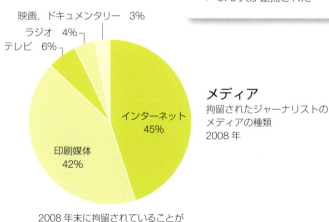

2008年におけるジャーナリストの虐待

- 60人が殺害された
- 929人が身体的に攻撃されたり，脅迫された
- 29人が誘拐された
- 673人が逮捕された

メディア
拘留されたジャーナリストのメディアの種類
2008年

- 映画，ドキュメンタリー 3%
- ラジオ 4%
- テレビ 6%
- インターネット 45%
- 印刷媒体 42%

2008年末に拘留されていることがわかっている全ジャーナリスト，125人

表現の自由と検閲

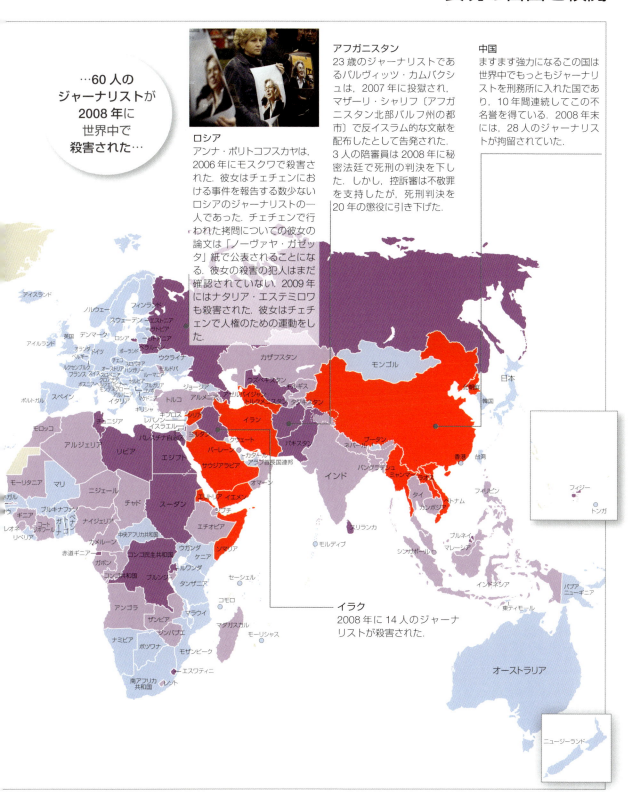

…60人の**ジャーナリスト**が**2008年**に世界中で**殺害された**…

ロシア
アンナ・ポリトコフスカヤは，2006年にモスクワで殺害された．彼女はチェチェンにおける事件を報告する数少ないロシアのジャーナリストの一人であった．チェチェンで行われた拷問についての彼女の論文は「ノーヴァヤ・ガゼッタ」紙で公表されることになる．彼女の殺害の犯人はまだ確認されていない．2009年にはナタリア・エステミロワも殺害された．彼女はチェチェンで人権のための運動をした．

アフガニスタン
23歳のジャーナリストであるパルヴィッツ・カムバクシュは，2007年に投獄され，マザーリ・シャリフ〔アフガニスタン北部バルフ州の都市〕で反イスラム的な文献を配布したとして告発された．3人の陪審員は2008年に秘密法廷で死刑の判決を下した．しかし，控訴審は不敬罪を支持したが，死刑判決を20年の懲役に引き下げた．

中国
ますます強力になるこの国は世界中でもっともジャーナリストを刑務所に入れた国であり，10年間連続してこの不名誉を得ている．2008年末には，28人のジャーナリストが拘留されていた．

イラク
2008年に14人のジャーナリストが殺害された．

p.42〜43 通信の検閲，p.44〜45 集会と結社

通信の検閲

情報を検索し，受け取り，発信できることは，個人の自由を行使することの中核をなし，真に開かれた社会の不可欠な特性です．

国家による検閲は，公に利用できるものに対して，さまざまな形の直接的制約を課してきました．国家の安全や国家機密，国民の「精神」の保持は，情報や意見の流れを制限する理由として，常に言及されます．すべての国家が，大なり小なり検閲を行っています．

広範囲に及ぶ検閲によって自由に通信する人権を侵害されている国々の人々に対して，インターネットは特に貴重なものであることを約束しました．しかし，さらに圧制の国々は，情報の流れを検閲し支配する国家の能力が示す課題にうまく対処してきました．したがって，インターネットは考えや情報のやりとり（通信）の新しい真の自由市場では決してなく，今や，ますます高度な検閲と監視に支配されています．

多くの国々は，ジャーナリストやブログ作成者に対する投獄，嫌がらせ，脅迫といった，従来の検閲とあわせて，インターネットの認められない箇所への市民のアクセスを規制し閉鎖する方法を開発してきました．これは個々の人権に対する侵害に等しく，市民社会の発展を抑えつけることになり，政治的抑圧という武器庫にあるもう一つの道具であることを意味しています．

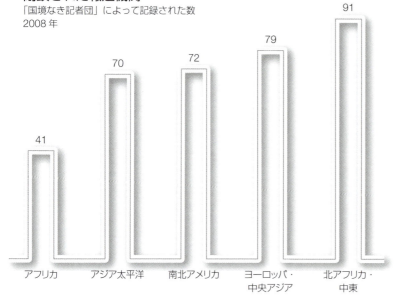

インターネットの検閲
政治的理由に基づいてフィルターをかけるレベルについて「オープン・ネット・イニシアティブ」*によって行われた評価 2009 年

*訳者注　ハーバード大学，トロント大学などの共同プロジェクトで 2002 年に始まる

- 普及している
- 相当普及している
- 選択的
- 疑わしい
- 明らかではない
- データがない

● ニュースの検閲とインターネットユーザーの抑圧に対して「国境なき記者団」によって「インターネットの敵」と認定された国々

…2008 年には，世界中で **1,740 のウェブサイト**が**遮断され，閉鎖され，**あるいは**停止された**…

閉鎖された報道機関
「国境なき記者団」によって記録された数 2008 年

- アフリカ: 41
- アジア太平洋: 70
- 南北アメリカ: 72
- ヨーロッパ・中央アジア: 79
- 北アフリカ・中東: 91

表現の自由と検閲

スイス
ほかのヨーロッパの国々が日常的に子どものポルノ写真を掲載したり公然と人種差別的な資料を掲載するサイトへのアクセスを閉鎖する一方で，スイス当局は広範なアプローチを行っている．2002 年に，スイスの行政長官はスイスのインターネットプロバイダーのいくつかに，代表的なアメリカ合衆国のサイトがスイス法廷に対して一貫して批判的であるという理由によって，アクセスを閉鎖するように命じた．

トルコ
2007 年に，インターネットへのアクセスをより効果的に規制する法制を議論し，制定するのに，トルコ議会は 1 時間しかかけなかった．2 年間に，この法制のもとで 2,600 に上るサイトが閉鎖された．トルコもまた組織的に Youtube へのアクセスを閉鎖している．

イラン
あらゆるインターネット通信は単一のポータル〔入口〕，すなわちイラン・テレコミュニケーション株式会社を通さなければならない．官僚と裁判官，情報部からなる委員会は，どのサイトを通信大臣によって閉鎖するか，あるいは調査するかを決定するために，定期的に会合している．

韓国
89 パーセントを超える家庭がアクセスできて，世界でもっともインターネットとつながれる国である．当局はインターネット通信を監視し，北朝鮮政府に対する支援あるいは称賛の表現を監視し，組織的に閉鎖し，検閲している．

中国
インターネットにフィルターをかけるソフトをすべてのコンピュータに投入する政府の計画は，中国の 3 億人のオンラインコミュニティから広範に及ぶ抵抗に遭い，2009 年 6 月に延期された．特別なサイトへのアクセスの閉鎖やグーグルのようなインターネットの巨人による自己検閲などの既存の方法によるインターネットの検閲として続いている．2009 年の新疆ウイグル自治区における民族的暴動—この暴動で少なくとも 140 人が死亡した—のあいだ，この地域のインターネットは閉鎖され，ツイッターは国中で閉鎖された．

チュニジア
2009 年 7 月に，引退した教授のケーディカ・アルファウイは，フェイスブックで 5 人の子どもたちがチュニスで学校から誘拐されたことを示唆することによって公共的秩序を乱したとして，8 か月間収監された．子どもたちが誘拐され売買されるという不安が広まっており，政府の大臣が最近これを否定したにもかかわらず，この不安は続いている．

サウジアラビア
サウード王家の支配はアラブの国々の中で最悪のインターネット検閲であると非難されている．政治的，宗教的，「不道徳」な素料を掲載するサイトは対立派や人権団体のサイトとして標的にされている．

ウズベキスタン
憲法が表現の自由を宣言し，国家の検閲を禁止する一方で，広範なインターネットの監視と検閲が行われている．監視と検閲は 2004 年のタシケントとアンディジャン地方の暴力的抵抗運動以来，明らかに増えた．ソフトウェアの普及，インターネットサービスプロバイダへの厳しい制限，メディアの自己検閲を奨励するなどの方法で行われている．

ミャンマー
モデムを所有し，使用するためには国家資格が必要とされる．これに反する場合には，懲役 15 年の判決を受ける．2009 年には 14 人のジャーナリストと 2 人のブログ作成者が拘留された．コメディアンのザルガナールがサイクロン・ナーギ台風通過後の当局による人道援助を批判する論文をインターネットに投稿したとして懲役 35 年の判決を受けた．

集会と結社

他人と会合をもったり関わり合うことは，市民権の欠くことのできない特徴です．しかし，集会の権利を制限することは，依然として，理念的な「民主主義国家」と明らかな権威主義体制が人々の意志を妨害しゆがめるための主要な手段となっています．

集会の自由と結社の自由は，「市民的及び政治的権利に関する国際規約」によって，二つの個別の権利として承認されています．しかし，その自由はともに，29か国（訳者注：2019年3月現在24か国）を除くすべての国で批准されたにもかかわらず，世界中で組織的に権利侵害が続いています．しばしば，国家安全あるいは公共秩序という名目で，平和的な集会を制限する国々が存在します．それは，適法な政治行動の抑圧に対する単なる見せかけの正当化にすぎません．ほぼすべての集会を，とくに選挙の時期に制限する国も存在します．

結社の自由の権利は，労働者のおかれている状況から浮かび上がり，焦点を当て，保護に努めようとしています．「市民的及び政治的権利に関する国際規約」第22条は，労働組合を組織したり，加入する労働者の権利を明記し，ストライキなどの示威行為を追求することを保証しています．資本主義に代わる実行可能な経済的代替案が欠如していること，多くの工業化社会およびポスト工業化社会において，はっきりとした不可欠の「労働者階級」というアイデンティティが明らかに崩壊し薄まっていることは，世界的な労働組合運動の影響力と加盟を終結させてきました．大企業のロビー活動の威力，多国籍企業の交渉力，そのほかの懸案に関して全般的に経済的利益を優先する順位づけなどの要因が，同時に，同規約第22条違反を継続する一因となりました．

> **法的には…**
> すべての者は，結社の自由についての権利を有する．この権利には，自己の利益の保護のために労働組合を結成しおよびこれに加入する権利を含む．
>
> 市民的及び政治的権利に関する国際規約（A規約）1966年，第22条

> **法的には…**
> 平和的な集会の権利は，認められる．この権利の行使については，法律で定める制限であって国の安全もしくは公共の安全，公の秩序，公衆の健康もしくは道徳の保護またはほかの者の権利および自由の保護のため民主的社会において必要なもの以外のいかなる制限も課することができない．
>
> 市民的及び政治的権利に関する国際規約（A規約）1966年，第21条

イラン人は2009年の大統領選挙の結果に抗議するために街路に出る．大統領選挙は，予想外に多数がアフマディネジャドを支持する結果であった．抗議行動は非合法であると見なされ，警察と国家安全部との血にまみれた衝突という結果になった．

脅迫のもとの結社の自由

結社の自由についてのフリーダムハウス*指標
2007年

- 0〜3　厳しい制限
- 4〜6
- 7〜9
- 10〜12　軽い制限
- 資料がない

*訳者注：国際NGO団体

アメリカ合衆国
全国労働関係法（NLRA）は結社の自由の権利，団体交渉権，民間労働者の労働組合に加盟する権利を保障する．しかし，公共部門の労働者と，農業労働者，家事労働者，管理者，独立業者を含む民間の多くの労働者が排除されている．2002年には，約2,500万人の民間労働者と690万人の連邦政府，州政府，地方政府の公務員が，賃金，時間，雇用条件を交渉するいかなる権利ももっていなかった．その後，さらに労働者が対象外となっている．

表現の自由と検閲

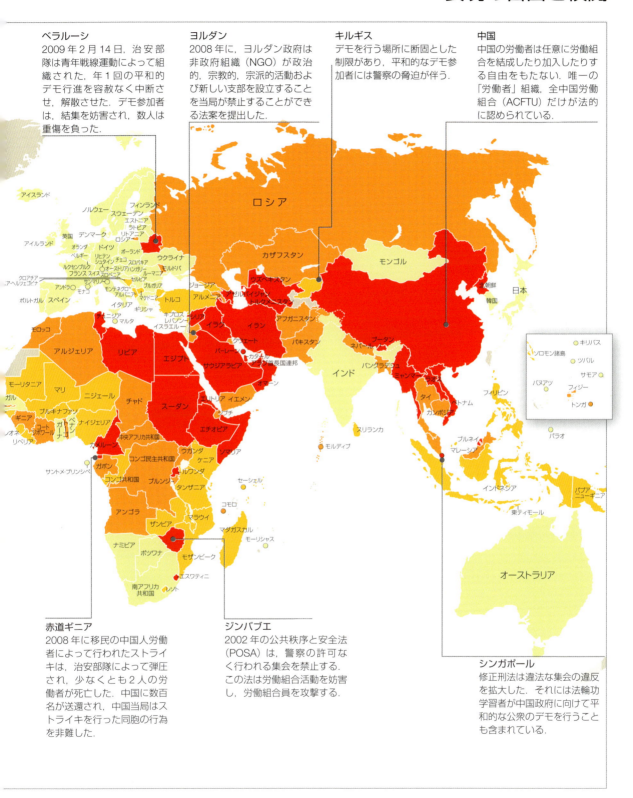

第4部　紛争と移住

　人権侵害のうちもっとも明らかなものは，紛争や移住の結果起こるものです．その紛争や移住というものは，大昔から人間社会の大きな特徴でした．人間の最悪の敵は，多くの点で人間自身なのです．
　現代の人権擁護運動は，第二次世界大戦の結果，とりわけ「ホロコースト」の残虐行為とその悲惨さに応える形で生まれてきました．人権に関するさまざまな取決めの主な目的は，紛争や強制的で大規模な移住の原因となるものを予防することにあります．多くの人権擁護者たちの誠心誠意の努力にもかかわらず，ジェノサイド（集団殺害）は，あの「ホロコースト」が最後ではなく，第二次世界大戦が終わってからも，ジェノサイドによって犠牲となる者は世界のさまざまな地域で数百万を数えました．同様に，現在続いている戦争やさまざまな武力紛争は，人命が失われたり，戦闘を避けようと保護や亡命を求めて全住民が逃れたりすることを含め，そうした紛争にさらされる人たちの人権に，今も多大な犠牲を強い続けているのです．
　国連は，青いヘルメットをかぶる平和維持軍を世界の多くの地域に派遣し，武力紛争が拡大するのを阻止しようと積極的に努力してきました．しかし，こうした任務はすべて，すでに確立されている「平和」や武力衝突の停戦を維持する役割しか持たないものです．国連平和維持軍の特徴は，最悪の戦闘状態がいったん終結したあとに派遣されるということなのです．
　世界的な規模で武器の貿易が存在し，しかも大がかりに行われているため，世界に平和をもたらしたいという多くの人々の理想は，かなえられずにいます．武器の生産や輸出は，世界の平和と安定に努力していると主張し続けている国々を含め，国際社会の多くの先進国が経済を発展させるのにかなり役立っているのです．
　今も続く紛争と不安定が無数の人々の人権に打撃を与えていることは，疑う余地がありません．こうした侵害を本当に阻止しようとするならば，絶えることのない人類の苦悩に直接または間接にかかわっている人たちによって，広範囲にわたる行動と政策を行うことが必要となるでしょう．

チャド：ジャンジャウィード〔スーダン政府に支援された民兵組織〕との戦いに備える「正義と平等運動」〔スーダンの反政府組織〕軍の若い兵士．

ジェノサイド（集団殺害）

世界人権宣言を起草したのは，一つには，ホロコーストがもたらした悲惨さへの反応でした．このように，ジェノサイド（集団殺害）を止めようという強い願いが，現代における人権擁護運動の中心的な要素なのです．

どのような残虐行為を「ジェノサイド（集団殺害）」とみなすのが正しいのかは，しばしば議論の的になるところです．今も進行しているある紛争をジェノサイドと規定してしまえば，何らかの行動を起こす法的義務を国連に課すことになり，きわめて政治色の強い問題となります．過去に起こった紛争をジェノサイドと規定してしまうと，国家と犠牲者の子孫のあいだに賠償請求の可能性を残すことになります．

オーストリア，フランス，ドイツ，ポーランドなど，ヨーロッパの10か国では，ホロコーストを否定することは違法です．それとは対照的に，トルコでは，1914～1918年にかけて150万人のアルメニア人が殺害されたことをジェノサイドとよぶことは違法となっています．

法的には…

ジェノサイドとは，国家的・民族的・人種的または宗教的な集団の全部または一部を破壊する意図をもって行われる，以下の行為すべてを指す．
(a) 集団の構成員を殺害する．
(b) 集団の構成員に対して，重大な身体的または精神的危害を加える．
(c) 集団の全部または一部を身体的に破壊することを意図した生活条件を故意に課す．
(d) 集団内における出生を妨げることを意図した措置を課す．
(e) 集団の子どもをほかの集団に強制的に移す．

国連・集団殺害罪の防止及び処罰に関する条約，1948年，第2条

20世紀のジェノサイド

- **1914～1918年** オスマントルコの犠牲者，アルメニア人 150万人
- **1932～1933年** スターリン時代のソ連の犠牲者，ウクライナ人 300万人
- **1937～1938年** 日本帝国陸軍の南京での犠牲者，中国人 30万人
- **1941～1945年** ナチス・ドイツの犠牲者，ユダヤ人 600万人
  クロアチアの組織ウスタシャによる犠牲者，バルカン半島のセルビア人，ユダヤ人，ロマ族 65万人
- **1962～1996年** グアテマラ政府軍による犠牲者，マヤ先住民族 20万人
- **1971年** 当時，東パキスタンとよばれた地域におけるパキスタン軍による犠牲者，バングラデシュ人 300万人
- **1972年** ツチ族が支配していたブルンジ政権による犠牲者，フツ族 10万人
- **1975～1979年** ポル・ポトのクメール・ルージュ政権の犠牲者，カンボジア人 300万人
- **1975～1990年代** 政治的弾圧による犠牲者，東ティモール人 30万人
- **1986～1989年** サダム・フセインによるイラクのクルド人に対する武力攻撃での犠牲者，クルド人 20万人
- **1993年** フツ族が支配していたブルンジ政権による犠牲者，ツチ族 5万人
- **1994年** ルワンダでのフツ族による虐殺行為の犠牲者，ほとんどがツチ族 80万人
- **1995年** セルビア軍によりスレブレニツァで殺害されたボスニア系イスラム教徒 8,000人

懸念される地域

ジェノサイドへと発展する可能性のある，組織的な大量殺人や残虐行為が行われている国　2009年

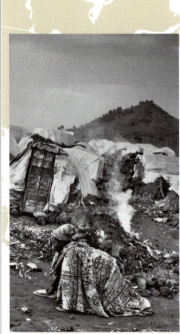

コンゴ民主共和国
何十年にもわたる武装勢力間の衝突の結果，少なくとも250万人の一般市民が殺され，その多くが，異なる民族グループによって計画的な攻撃の対象とされた．追いやられた150万人以上の人々が，避難キャンプに暮らしている．近隣諸国の紛争を逃れてきた37万人近くの避難民も暮らしている．

…20世紀には，7,250万人がジェノサイドで亡くなった…

紛争と移住

イスラエルとパレスチナ自治区
パレスチナ武装グループとイスラエル軍のあいだの何十年にもわたる衝突で，意図的に，あるいは軍事上の敵を標的としている場面での「巻き添え被害」という形で，何千という一般市民が殺害された．

イラク
2003年にサダム・フセイン政権が倒れたのちに勃発した宗派間の暴力行為の結果，10万人近い一般市民が死亡した．その大多数が，対立する宗派によって意図的に狙われたものであった．

アフガニスタン
何十年にもわたる国内の紛争の結果，一般市民が多く死亡してきた．さらに，2001年以来，タリバンによって，またはNATO軍の武力行使の結果として，何千という人々が殺害された．

ミャンマー
軍事暫定政府は，対立する民族少数派や，政敵，そして仏教僧の抑圧に容赦ない姿勢を示している．2008年のサイクロン・ナルギスによる被害の直後，国際支援機関が国内に入るのを政府が許可しなかったため，本来避けられたはずの一般市民の死者は膨大な数にのぼった．

チャド
2005年以降，スーダンに支援された武装勢力によって，何千というザガワ族やフール族が殺害された．

ソマリア
実質的な国家崩壊により，一般市民が，武装グループや犯罪組織による残虐行為に対して無防備な状態におかれることとなった．

*（訳者注）「タミル・タイガー（タミルの虎）」は「タミル・イーラム解放の虎」ともよばれ，スリランカ北部・東部州の分離独立を主張するタミル人反政府組織．スリランカ北部のジャフナを活動の拠点とし，武装闘争を行ったとされる．タミル人はスリランカの少数派．

スーダン
2004年以降，ダルフール地域で，政府に支援されたアラブ武装勢力であるジャンジャウィードがアフリカ系民族を攻撃し，少なくとも40万人を殺害した．さらに何十万という人々を仮設避難所や難民キャンプへと追いやった．これを，アメリカ合衆国はジェノサイド行為であると宣言したが，国連は，ジェノサイドの意図はなかったとする2005年の報告に基づき，ジェノサイドという分類は避けた．

スリランカ
反政府勢力タミル・タイガー（タミルの虎）*とスリランカ政府軍のあいだの内戦が，2009年，反政府勢力側の敗北で終わりを告げた．その紛争のあいだ，一般市民への残虐行為が，双方によって繰り返された．地域社会は壊滅状態になった．住民は殺されたり追い出されたりし，そのあとには，破壊された建物と不発弾がばらまかれた土地が残った．何千という人々が，あっけなくいなくなってしまったのである．

戦争と武力紛争

戦争と武力紛争は，人権に壊滅的な影響を及ぼします．その人権には，生きる権利や身体上の安全に対する権利だけでなく，大混乱や破壊があれば著しく損なわれてしまう数多くの権利も含まれています．

そのうえ，武力介入は，人権の支持者たちに深刻な問題を突きつけます．戦争や武力紛争の影響がない具体的な人権というものが存在しないのです．実際，国連憲章は，加盟国が，みずからが統治する領土を確保し防衛する手段として戦争に訴える権利を定めています．『世界人権宣言』の第28条は，「この宣言に掲げる権利および自由が完全に実現される社会的および国際的秩序」に対する権利を定めています．この権利を，いわゆる無法国家と戦ったり人権の計画的な侵害を防いだりするために軍事力を配備することを意味していると解釈する人たちもいます．

人権の観点からいえば，戦争と武力紛争は，巻き込まれた人たちに壊滅的な影響を及ぼす一方で，人権に対する組織的な脅威を抑えるための軍事力の配備が最後の砦となっているという点で，両刃の剣なのです．

武力紛争のすべてが，主権国家同士で行われているとは限りません．その約半数は，武装勢力と民兵同士のあいだの戦いであり，政府軍はかかわっていないのです．

湾岸戦争の法的位置づけ

1990年
8月2日：イラクがクウェートに侵攻．国連安全保障理事会決議（国連安保理決議）660号は，全面撤退を求める．
8月6日：国連安保理決議661号が，イラクに経済制裁を科す．
11月29日：国連安保理決議678号は，国連安保理決議660号を支持するために，クウェート政府と協力する加盟国が「必要なあらゆる措置」を用いることを承認．

1991年
1月16日～3月3日：湾岸戦争．多国籍軍が，イラクを空爆した後，地上攻撃を行い，イラク軍をクウェートから撤退させる．イラクが，停戦条件を受け入れる．

1992～2003年
クルド人とシーア派に対するイラク空軍の爆撃を受けて，アメリカ合衆国と英国は，保護のための「飛行禁止空域」を設定．これは，国連安保理によって明確な制裁措置として出されたものではないが，アメリカ合衆国と英国は，この飛行禁止空域が1991年4月5日に出された国連安保理決議688号と矛盾しない一貫したものだと主張．

1998年
国連安保理が，決議を遂行させるために理事国が単独では行動できないと主張．

2002年
9月12日：ジョージ・W・ブッシュ大統領が，国連総会で，アメリカ合衆国はイラクに対して先制攻撃をするのも正当化されるだろうと演説．
9月17日：ブッシュ大統領が，アメリカ合衆国が先制的自己防衛のために進んで単独で行動するとする，「ブッシュ・ドクトリン」を発表．
11月8日：国連安保理は，イラクがもつ大量破壊兵器をすべて武装解除することを求める，決議1441号を全会一致で採択．この決議がイラクへの侵攻を十分に正当化できるかについては，国連安保理理事国は合意にはいたらず．

2003年
3月20日：アメリカ合衆国のミサイルのバグダッド攻撃により，武力衝突が始まる．
4月9日：アメリカ軍がバグダッドを陥落．
5月：国連安保理が，イラクでのアメリカ合衆国の主導による政権を支持．

2003～2005年
イラク調査団は，大量破壊兵器の捜索を行うが，その証拠を見つけることができず．

自国での戦争

国の内部または領海内で，政府軍を交えて行われた武力紛争の数
1946～2005年

- 13
- 7～9
- 4～6
- 1～3
- 0
- データなし

自国の領土または海外で，少なくとも7つの紛争にかかわったことのある国　1946～2005年

…1955～1975年の**ベトナム戦争**では，**200万人以上が亡くなった**…

紛争と移住

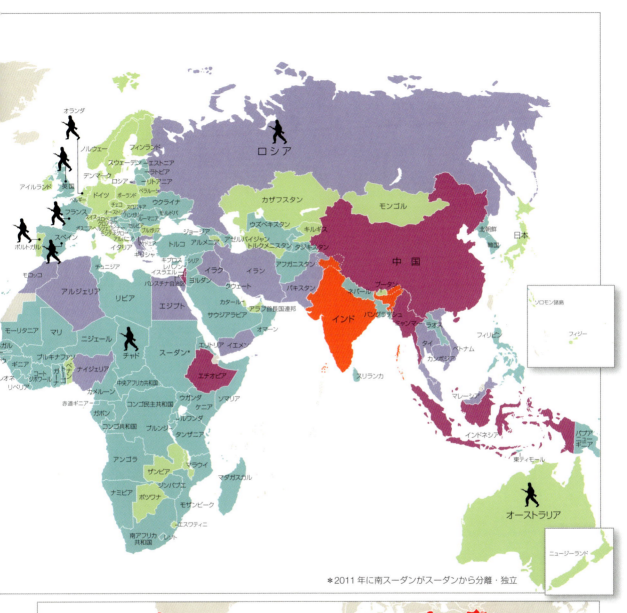

*2011年に南スーダンがスーダンから分離・独立

非国家的紛争
政府軍を交えない紛争を，
少なくとも一つ経験した国
2002〜2007年

p. 52〜53 武器貿易，p. 58〜59 難民，国内避難民，無国籍者

武器貿易

人々は，世界をむしばんでいる流血の戦いにさらされていますが，その人々の人権は，武器や兵器が手に入ることで壊滅的な影響を受け続けています．

「人間を殺すのは銃ではない――人間が人間を殺すのだ」というのはたしかに本当です．しかし，世界規模の武器産業，そしてほとんど何の規制も受けない武器輸出は，紛争を助長し長引かせる手段を提供しています．武器貿易は，政治的な抑圧を行う政権が権力を維持するのを助けたり，貧しい国の政府に教育や医療よりもむしろ武器にお金を使わせるようになると，人権に影響を及ぼすものになってしまいます．

武器貿易に対する有効な規制がなければ，ある政府がひとたび武器を手に入れてしまうと，武器が純粋に防衛のために使われる保証もなく，武器が「悪者」の手に渡らないという保証はありません．国連安全保障理事会の常任理事国の席にあり国連で大きな影響力をもつ国（フランス，ロシア，英国，アメリカ合衆国）が武器輸出からもっとも利益を得ている国々に属するのは，決して偶然ではありません．総じて，世界でもっとも経済的に発展した国々が武器の主要輸出国であり，その一方で，発展途上国が最大の輸入国なのです．

その中でも，ある種の武器は大変悲惨な犠牲をもたらしています．それは地雷です．比較的安く手に入れやすいため，地雷は武器として見さかいなく使用され，紛争が終わった後も長く人々の命を奪い，身体に損傷を与えています．

毎年，1万5,000～2万の人々が，地雷や不発弾によって死傷している．しかも，その大部分はすでに紛争状態にない国で起きている．地雷が身近に埋まっていることの影響は，人々に身体的なはなはだしい危害を加えるというだけではない．地雷は，地域社会全体の経済的・社会的発展をも妨げることがある．

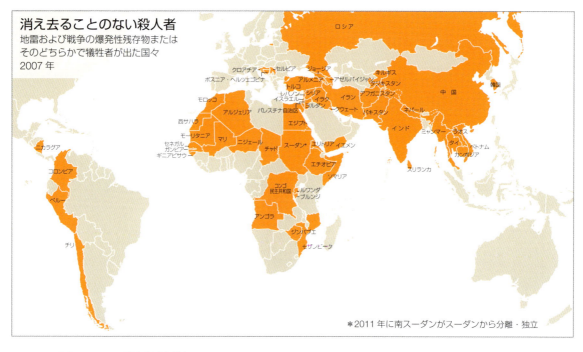

消え去ることのない殺人者
地雷および戦争の爆発性残存物またはそのどちらかで犠牲者が出た国々
2007年

＊2011年に南スーダンがスーダンから分離・独立

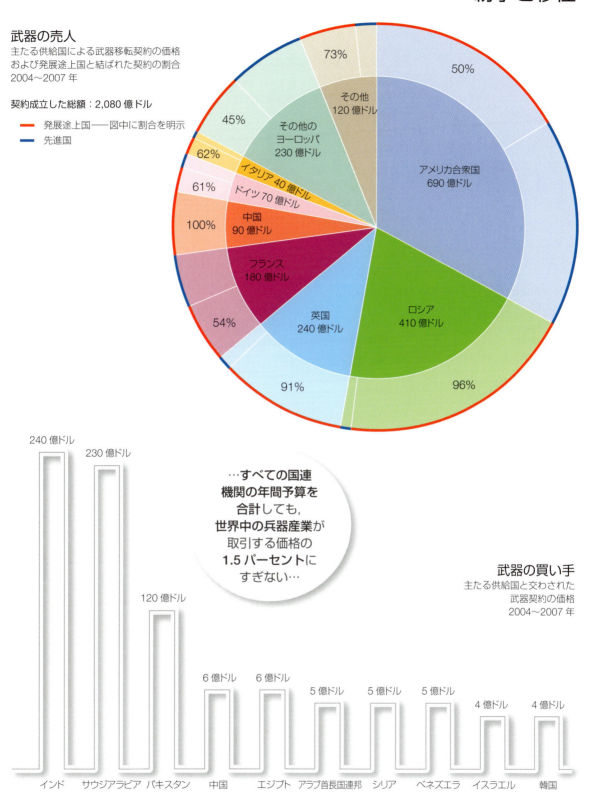

テロリズム

　テロリズムは，今日，世界中で起きていますが，それは人権の尊重とは根本的に両立しないものです．

　それにもかかわらず，テロリズムと人権の関係は，複雑で色々な側面をもっています．テロ行為を行おうとする者は，その特徴として，特定の犠牲者をターゲットにすることで，ある目的のために最大限の注目と関心を得ようとします．

　近年，残虐なテロリズムの結果，世界中の何千という無実の一般市民が亡くなっています．なかでも，ニューヨークの世界貿易センター，バリ島の観光地での爆破事件，マドリッドとロンドンの公共交通機関で起きた自爆テロなどで亡くなった人々のような，西側諸国での犠牲者に大きな注目が集まっています．いわゆる「イスラム教徒のテロ」の事例は，イスラムに対して敵対的な政策を推し進めているとみられる政府の国民に最大の被害を与えようという明らかな意図をもってなされる行為です．こうしたテロ行為を擁護する人々は，パレスチナやアフガニスタン，イラクなどの地域でイスラム教徒の人権が侵害されていることを指摘して，みずからの立場を正当化します．西側の大国が国家テロという形でテロを行っていることを非難したりもします．

　テロリズムもそれへの対抗措置も，ともに，人権の保護と促進に対する重大な障害です．国家がその国民の命と権利を守ることは基本的義務ですが，テロの脅威に対する何か国かの西側政府の対応は，テロリズムにかかわったと疑われる人々の人権について，深刻な懸念を引き起こしています．

テロリズム行為
代表的な出来事
2000～2009 年

アメリカ合衆国，ニューヨークとワシントン DC，2001 年
アルカイダのテロリストが，世界貿易センターとペンタゴン（米国国防総省）に 3 機の飛行機を激突させ，50 以上の国籍の 2,973 人が命を落とした．

テロリズムへの対応

米国愛国者法〔(PATRIOTS Act)：正式名称「Uniting and Strengthening America by Providing Appropriate Tools Required to Intercept and Obstruct Terrorism Act（テロリズムの阻止および回避のために必要な適切な手段を提供することによりアメリカ合衆国を統合し強化するための法律）」の後半の頭文字をとったもの〕，2001 年

「米国愛国者法」のもとでは，ある集団や組織が公的にテロリストと認定されていてもいなくてもテロリストの主義主張にかかわったり共感したと疑われる場合は，アメリカ合衆国への移民は，その集団や組織に対して，たとえそれ以外の場合なら合法的なものでも支援を行えば，拘束や強制退去に処せられることとなる．米国愛国者法の第 411 条は，これまでの立証責任をくつがえす形で，訴えられた者は，自分が行った支援がテロ活動を増進することは知らなかった，または知り得なかったことを証明しなくてはならない，と要求する．

英国テロリズム法，2000 年および 2006 年

英国警察は，2001～2008 年にかけて，2000 年テロリズム法の第 44 条を根拠に，18 万を超える人々を制止し検査を行った．これらの者のうち，テロに関連する行為の容疑でその後に実際に告発されたのは，たった 255 人だけだった．2006 年のテロリズム法は，テロの犯罪の定義を拡張して「テロリズムの助長」を含め，罪状なしの拘留期間を 14 日から 28 日へと延長した．

紛争と移住

アルジェリア，2007 年
アルカイダグループの軍事行動により，少なくとも 150 人が殺害された．

マドリッド，スペイン，2004 年
列車 4 両に仕掛けられた爆発物によって，191 人が殺害された．

ロンドン，英国，2005 年
公共交通機関での 4 件の自爆テロによって，52 人が殺害された．

モスクワ，ロシア，2002 年
50 人のチェチェン兵士が，劇場に来ていた 700 人を人質にとった．ロシア軍の急襲による救出作戦でチェチェン兵士と 100 人以上の人質が死亡した．

ベスラーン，ロシア，2004 年
チェチェン兵士が，学校で子どもとその親を人質にとった．ロシアの治安部隊が校内に強襲し，336 人の人質が死亡．その中には，左の写真の女性の二人の孫娘も含まれていた．

アフガニスタン，2006 年以降
タリバン兵士が，NATO 軍，アフガニスタン市民，治安部隊に対して，自爆テロを行い，道路脇に爆弾を仕掛けた．

パキスタン，2007 年
ベナジール・ブット元首相が亡命先から帰国したのに合わせ，カラチでブット氏の支持者 140 人が爆弾により殺害された．12 月には，ラワルピンディーでブット氏および 28 人の支持者が殺害された．

ムンバイ，インド，2008 年
二つの高級ホテルがテロリストに襲撃され，166 人が殺害された．その直後にテロリストは人質をとって両ホテルに立てこもったが，インドの治安部隊がテロリスト一人を残してすべて殺害，人質になっていた宿泊客を解放した．

グジャラート，インド，2002 年
29 人のヒンズー教礼拝者が，身元不明の男たちによって射殺された．

ベイルート，レバノン，2005 年
ラフィーク・ハリーリー元首相および 20 人が，爆弾により殺害された．

紅海沿岸，エジプト
シャルム・エル・シェイク〔紅海有数のリゾート地〕，2005 年：88 人が死亡．ダハブ〔同〕，2006 年：23 人が死亡．

リヤド，サウジアラビア，2003 年
西側外国人居住区で起きた自爆テロで，26 人が死亡．

スリランカ，1980 年代～2009 年
「タミル・イーラム解放の虎」に殺害された者の中には，スリランカ大統領やインドの元首相，スリランカの政治家 40 人が含まれていた．

バリ，インドネシア，2002 年
200 人の行楽客が，アルカイダが仕掛けた爆弾で死亡．

イスラエルとパレスチナ自治区
2000 年以降，イスラエルの占領に反対して，パレスチナ人のグループが，自爆テロやロケット砲による攻撃を行い，それに対してイスラエルは，標的殺害*やロケット爆撃，武力攻撃で対抗した．そうしたイスラエルの攻撃には，2008～2009 年のガザ地区でのハマスに対して行われた攻撃も含まれるが，それによって 1,000 人のパレスチナ人が殺害され，その多くは子どもであった．

モンバサ，ケニヤ，2002 年
アルカイダによるホテルでの自爆テロによって，イスラエル人 3 人とケニヤ人 10 人が殺害された．

イラク，2003 年以降
イラク占領に反対して，アルカイダに影響を受けた反乱グループが，自爆テロなどによって，多国籍軍や何千というイラク市民，治安部隊を殺害した．

＊（訳者注）「標的殺害」とは，敵の要人など，ある目標だけをピンポイントで狙って殺害すること．国連の調査によれば，2000 年にイスラエルが使い始めてから，ほかでも使用されるようになったという．参考："Report of the Special Rapporteur on extrajudicial, summary or arbitrary executions, Philip Alston——Study on targeted killings" (UN Human Rights Council, May, 2010)

国連による平和維持

　国連による平和維持活動は，武力紛争の傷跡が残る地域での平和合意を維持し，持続可能な将来のための環境を整えようと努めることで，人権保護のために重要な貢献をしています．

　国連の平和維持部隊には，技師や政治顧問，選挙担当官なども含まれますが，主として，国連加盟国から軍隊を集めて組織されます．その役割は複雑で，論争の的になる場合もあります．通常，国連平和維持部隊はすでに戦闘が終わった状態を維持するために配置され，その任務命令においては，安全のために先手を打って軍事行動を起こすことができるかどうかについては通常，厳しい制限が課されています．国連平和維持部隊は任務が制限されているため，戦闘行為が再発するかまだ続いている場合でも，配置の本来の目的としての「保護」を行わなければいけない人々の（人命を含む）人権を守ることができない可能性もあります．

　平和維持活動の数は，おもに中央アフリカにおける紛争のような国内紛争の勃発に呼応する形で，1990年代から著しく増えてきました．国連は，そうした活動を支えるお金や兵士を集めようと大変な努力をしています．資金を出すのは裕福な国々ですが，平和維持活動部隊の大部分は，貧しい発展途上国地域からの兵士で編成されています．

…1948～2009年半ばまでに，平和維持部隊の **2,600人以上の兵士が** 任務中に命を落としている…

国連平和維持活動
国連の平和維持活動に携わった人々の数　2008年末

- 1,000人以上
- 500～999人
- 100～499人
- 100人以下
- なし
- 現在行われている国連平和維持活動（2009年6月時点）

スレブレニツァの虐殺
ボスニア・ヘルツェゴビナの共同墓地から掘り出された死体をおさめた棺にすがり，嘆き悲しむ女性．1995年7月には，ボスニア戦争のさなか，司令官ラトコ・ムラディッチ*に率いられたセルビア人兵士が，スレブレニツァにいたボスニア系イスラム教徒の少年と男性8,000人を殺害した．国連は，スレブレニツァの町を「安全地帯」に指定する二つの決議を可決していた．だが，国連の決議を遂行するために派遣された400人のオランダ軍国連平和維持部隊は，自軍の部隊長から，少年と男性たちが連行されていくのを妨害してはいけないと命令された．のちに，旧ユーゴスラビア国際刑事裁判所は，この虐殺をジェノサイド（集団殺害）と認定した．

*（訳者注）ラトコ・ムラディッチは，当時のセルビア人勢力の軍最高司令官だった．国連旧ユーゴスラビア国際刑事裁判所によってジェノサイドや人道に対する罪などで起訴され，16年間にわたって逃亡を続けていたが，2011年に逮捕された．

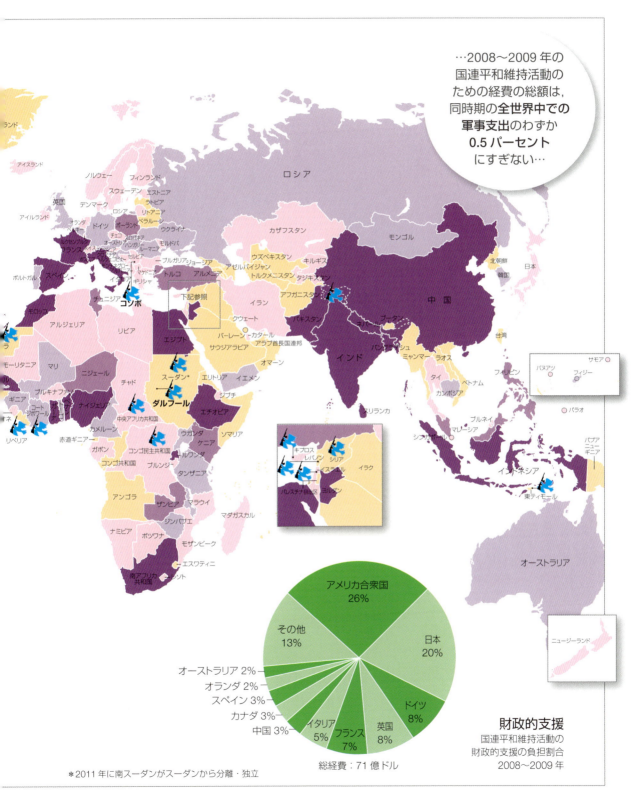

難民，国内避難民＊，無国籍者

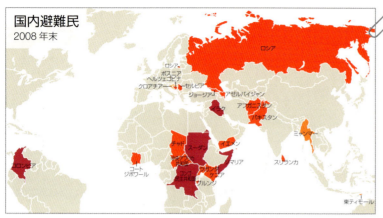

国内避難民
2008年末

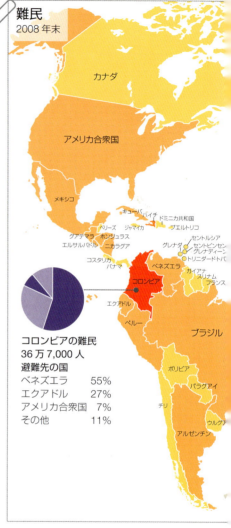

難民
2008年末

難民および国内避難民は，政情不安と長く続く組織的迫害を示すバロメーターです．

こうした人々がどれほど増え，地理的にどこから来てどのように広がっているかをみると，先進国と発展途上国の人々の経験する状況が劇的に異なっていることが如実にわかります．

難民や国内避難民とは，武力紛争，政治的抑圧，迫害，組織的差別などの結果，居住地や母国を去ることを余儀なくされた人々のことです．難民は，自分の国籍国の外に政治的保護や亡命を求める者と定義されます．その一方，国内避難民は居住国内に留まる者をいいます．

無国籍の人々——どの国の政府によっても国民として認められていない人々——は，世界中で1,500万人はいると推定されています．一般的に，国民とみなされる者だけが基本的権利を行使することができ，したがって，無国籍の人々の権利はつねに危うい状態にあります．国連難民高等弁務官事務所（UNHCR）によれば，無国籍状態になるにはいくつかの異なる原因があり，それには，国籍法上の少数派に対する差別，国の独立（国家承継）時にすべての居住者を国民として取り込むにあたっての不手際，国家間の法的対立などが含まれます．

人権に関するこうした懸念に対して，真に持続的な解決を手に入れるにあたっての根本的な障害は，難民，国内避難民，無国籍者をもっとも多く生み出している国々で，政情不安や差別が長く続いていることです．

難民と国内避難民
正式に認定された難民，難民に似た状態にある人々，国内避難民（出身国別）
2008年末

- 1,000,000人以上
- 100,000〜999,999人
- 10,000〜99,999人
- 1,000〜9,999人
- 1,000人以下
- データなし

コロンビアの難民
36万7,000人
避難先の国
ベネズエラ　　　　55%
エクアドル　　　　27%
アメリカ合衆国　　7%
その他　　　　　　11%

法的には…
「難民」という用語は，人種，宗教，国籍，特定の社会的集団に属することまたは政治的見解を理由に，迫害を受けるおそれが十分な根拠に基づいてあるため，自分の国籍国の外に逃れている者であって，さらに，国籍国の保護を受けることができないか，迫害を受けるおそれがあるためにその国の保護を望まない者すべてに適用される．

難民の地位に関する国連条約，1951年，第1条

＊（訳者注）難民と同様に，もともといた居住地を離れることを強制されるが，国境を越えず国内に留まり避難生活を送る人を「国内避難民」または単に「避難民」とよぶ．IDPと略される．

紛争と移住

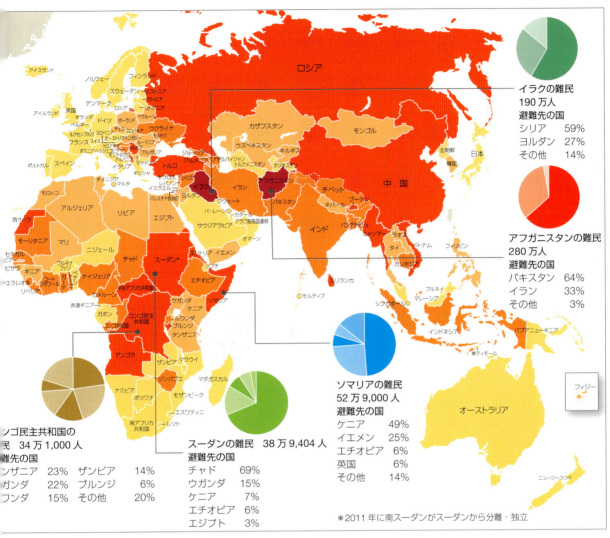

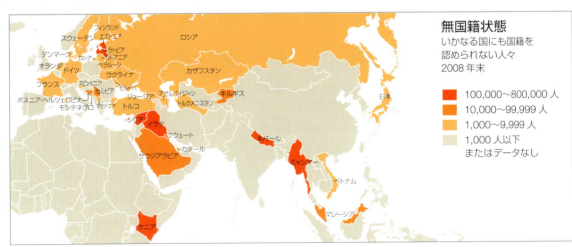

第5部　差　別

　　因襲的な不平等と差別に立ち向かうことへの強い願望は，人権計画のもつ道徳的な本質の中心にあります．私たちは，人間であることだけで基本的人権を有します．個人の人権に対する主張は，性別，人種，個々人がもつ民族性，宗教的信条，国民性，身体的能力と心理的能力といった個人を識別するすべての属性を超えてあらかじめ存在しています．しかし，個人あるいは社会のアイデンティティが他人に標的にされてきたために，多くの人権侵害が生じているのです．

　人種的，民族的，国籍による差別から身を守るために，人権は承認されてきました．そして宗教差別と迫害から自由になる権利は，人権の歴史的発展に対して深い影響を与えてきました．最近では，長く続く身体的・心理的障害を患っている人々が，国際的に認められてきました．

　これらの成果にもかかわらず，何百万という数えきれない人々が，彼らのアイデンティティに対して人権侵害を受け続けています．機会の減少を被っている人々も多くいます．人種的および民族的少数派は，世界的に横行している差別に直面しています．これらの差別は差別を禁止する法があるにもかかわらず存続している場合もありますし，法的な仕組みが存在しない場合もあります．何百万という数えきれない人々がまた，差別や支配的多数派によって断罪された宗教を守ろうとする結果，傷害あるいは死のリスクを負っています．宗教的差別と偏見の影響は，多数派の宗教に従って，支持されている国では，明らかに公式に発表されています．

　差別と不平等はまた，国際的人権法によって広く認められた人権のほかの領域でも，見出すことができます．まず第一に，性同一性と性的指向による差別があります．世界各地で今日，性的少数派は，組織的な差別に直面しています．同性のカップルの性的行為は，多くの国で違法であり，同性愛に対する最高刑が死刑である国もあります．

キューバ：ハバナにおける服装倒錯者．ハバナでは，性的自由に対する態度がしだいにゆるくなってきている．

宗教的自由と迫害

逆の予測もありますが，宗教的信仰は人間生活の中心にあり世界の約80パーセントの人々が宗教に対する忠誠を告白しています．

多くの多数派の人々にとっては，宗教はアイデンティティの中心的な要素です．実際，世界の一部の地域では，厳密に無神論に基づいて宗教を否定した国家社会主義の制度の終わりと，原理主義的信仰の復活をともなって，宗教は過去100年間のどの時代よりも，国内政治とグローバルな政治に対して，より大きな影響を及ぼしているようにみえます．

信仰の多様性——仏教，キリスト教，ヒンドゥー教，イスラム教，ユダヤ教といった世界的な宗教から土着宗教，アニミズム的宗教，シャーマニズム的宗教，そして新興宗教まで——と本来的に共存できない信仰体系が，衝突と迫害の可能性を生みます．多くの場合，宗教的信仰〔belief〕をもつ個人の権利にとって最大の脅威は，独善的な世俗主義者からではなく，少数派宗教を差別し迫害する宗教から生じます．

宗教差別は一般に，公式に国教を支持する状況をより強くするようにみえます．しかし，中国における無神論国家的イデオロギーはまた，多くの宗教信者を組織的な迫害へ追い込んでいます．そしてヨーロッパの一部の国で，もっとも悪名高いのはフランスですが，世俗主義への傾倒によって，公的な場での宗教的表現を制限する結果になっています．

法的には…

すべての者は，思想，良心及び宗教の自由についての権利を有する．この権利には，自ら選択する宗教又は信念を受け入れ又は有する自由並びに，単独で又は他の者と共同して及び公に又は私的に，礼拝，儀式，行事及び教導によってその宗教又は信念を表明する自由を含む．

市民的及び政治的権利に関する国際規約，1966年，第18条

宗教的自由に対する制限

宗教を実践し，平和裏に改宗する自由についての政府の制限に関するCIRI人権データによる評価

- ■ 厳しい
- ■ 緩やか
- ■ ほとんどない
- ▨ データなし

エリトリアのカトリック大聖堂において平和のために祈るキリスト教徒のティグリニャ〔エリトリアのティグリニャ語を話す部族〕の女性たち．政府公認の宗教団体の信徒として，彼女たちは自由に礼拝することができる．何千というほかの人たちは，それほど幸運ではない．

差　別

フランス：フランス法では，礼拝所および家庭に宗教的信仰の表現を制限することによって，国家の世俗主義的な原理を支持している．宗教的象徴を身につけることは，学校などの公共の建物では禁止されている．フランス法は，ヨーロッパ人権法典において承認されてきた．その一方でフランス国家と在住イスラム教徒のあいだの重大な緊張の源であり続ける．

イラン：イランは，シーア派のイスラム教徒の原則を堅く守っている．スンニ派のイスラム教徒たちは少数派であり，政府当局とシーア派コミュニティから実質的に差別を受けている．バハーイの信仰は1844年にこの国で生まれた．政府はこの信仰を異端のイスラム信仰とみなしている．バハーイは信仰の教えと実践が禁じられており，恣意的に逮捕され，所有物の没収をされている．

ウズベキスタン：教会と国家の分離は，憲法で正式に記されている．しかし，1998年の宗教法は，登録宗教団体に多くの権利を制限している．いくつかの（特にイスラム教徒の）団体は常に登録を拒否され，法の外におかれる．ユダヤ教徒，ロシア正教徒，ほかの民族的宗教的コミュニティは，政府を批判したり改宗しない限り，宗教を実践してもよい．

中国：世界の五大宗教が容認されているが，実践は制限されている．宗教団体は，公共の秩序を破壊せず，教育制度を妨げず，外国の支配を受けないように監視されている．地下組織のカトリックの司教は，バチカンへの忠誠のために，抑圧を受けている．また私的な「家」の教会で礼拝するプロテスタントは迫害されてきた．新疆ウイグル自治区では，当局は2009年のメッカ巡礼に参加する約2,000人のウイグル人イスラム教徒のパスポートを没収した．

サウジアラビア：非イスラム教徒とイスラム教についての政府の解釈に従わないイスラム教徒は，深刻な差別と宗教警察による暴行を受け続ける．サウジアラビアの教科書には，シーア派のイスラム教徒，ユダヤ教徒，キリスト教徒，そのほかの信仰をもつ人々に対する非寛容な見解が掲載されている．外国人労働者の中には，信仰を実践したために逮捕されたものもいる．イスラム教徒がほかの信仰に回心することは，背信，死によって罰せられる罪だと考えられている．

エリトリア：2002年の布告に従って，政府は，エリトリア正教会，カトリック教会，エリトリア福音教会そしてイスラム教に属さないあらゆる宗教的施設を閉鎖した．キリスト教ペンテコステ派，エホバの証人，エリトリア正教会内部の改革派などの団体は，嫌がらせや拘留，拷問をされ殺害されさえもした．2009年には，3,000人を超える人々が宗教的な理由で，適正な手続きもなく，また過酷な状況で拘留され続けた．

63

少数民族

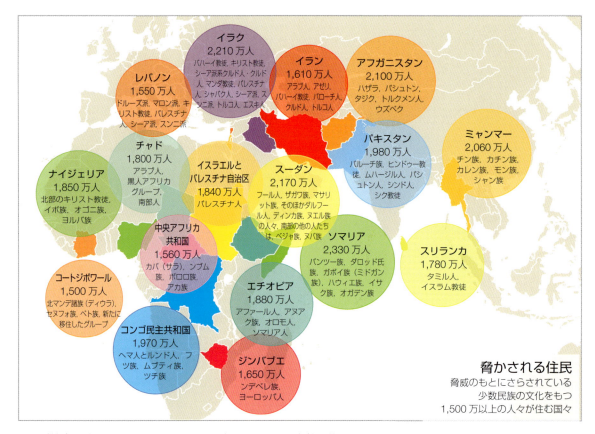

脅かされる住民
脅威のもとにさらされている少数民族の文化をもつ1,500万以上の人々が住む国々

　同質社会で成り立っている国はほとんどありません．少数民族は，ほとんどすべての国に存在し，多くは迫害，抑圧，組織的差別を受けています．

　少数民族の権利を侵害する最悪で進行中の運動の一つは，スーダンのダルフール地域で起こっており，アフリカ系黒人のイスラム教徒が，政府支援を受けたアラブ・ジャンジャウィード〔訳者注：バッガーテ族の民兵組織〕の標的になっています．2004年に，アメリカ政府はこれをジェノサイド（集団殺害）にあたるとしました．ミャンマーの軍事支配も，少なくとも4つの民族，カレン族，シャン族，ロヒンギャ族，ゾミ族に対して組織的活動を行っています．

　少数民族の権利侵害は，世界の紛争が多発している政治的不安定な地域に限りません．ロマ人は，ヨーロッパ連合（EU）の境界内で長いあいだ差別と不平等を受け続けてきました．同様に，朝鮮半島出身の人々は，日本国内で差別と因習的な不平等を受け続けています．北アメリカとオーストララシアの多くの先住民コミュニティは，かれら特有の伝統と文化を営む権利の深刻な侵害に直面していると主張しています．

　オーストラリア，カナダ，ニュージーランド，アメリカ合衆国などの国々の富と社会基盤の発展の中に，サハラ砂漠以南のアフリカ諸国に匹敵する死亡率と疾病率の統計をもつ先住民コミュニティが見出されるのです．

保護
民族的，国家的，宗教的，原住民の，あるいは言語的少数民族を保護することを意図した人権の批准書

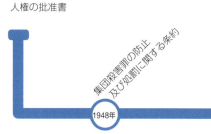

差　別

脅かされる文化
おもな事例 2009年

クロアチア，ギリシャ，イタリア：ロマ人は，役人にずっと差別され続け，抗議行動の対象である．イタリアで，治安のために当局がEUの市民を追放することを認める法が2008年に導入された．導入後2週間以内にロマ系の177人のルーマニア市民が追放された．

サウジアラビア：シーア派のイスラム教徒は，最大の少数民族である．かれらは，サウジアラビアの政府によって潜在的に破壊分子であるとみなされている．表現の自由の権利をもたず，雇用差別や公的に認められた宗教差別に直面する．シーア派の多数の聖職者は，拘留され，告発や法的手続きなしに監禁された．

ミャンマー：カレン族は，ミャンマー－タイ国境沿いの地域に住む．かれらは，同一民族ではないが，長く続く抑圧を受けてきた民族コミュニティである．コミュニティの一部が，独立を確保するために1949年以来ミャンマー軍部と武力衝突を繰り広げてきた．

オーストラリア：先住民のアボリジニのコミュニティは，数十年にわたってずっと差別を経験してきた．部族の土地の喪失，子どもたちの強制移住，教育施設や医療施設のレベルがほかのオーストラリア人より低いことなどである．2006年のアボリジニの男性の平均余命は，全オーストラリア男性が77歳であるのに対し，56歳であった．

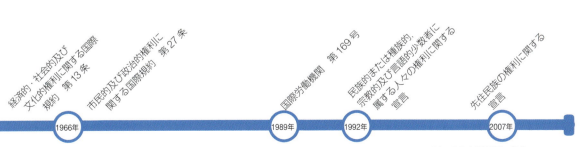

- 1966年　経済的・社会的及び文化的権利に関する国際規約 第13条
- 1966年　市民的及び政治的権利に関する国際規約 第27条
- 1989年　国際労働機関 第169号
- 1992年　民族的または種族的，宗教的及び言語的少数者に属する人々の権利に関する宣言
- 2007年　先住民族の権利に関する宣言

人種差別

　人種的平等は真に進展してきました．しかし，差別の人種差別的態度と公然の差別は今日，世界の多くの地域で続いています．

　人種差別は，真に世界的な現象であり，先進国でも発展途上国でも顕著にみられます．人種差別政策が国内法で正式に認められている国もあります．人種差別的な信念と慣行が公然ではないものの，標的になった集団に対して悪影響を及ぼす―生活の機会を制限し，不安を生み出し，平均余命が低下する―国もあります．

　過去20年間の世界的な人権に対する唯一の最大の成功は，南アフリカのアパルトヘイト制度の撤廃でした．最近では，アメリカ合衆国の大統領に初めてアフリカ系アメリカ人が選ばれたことは，世界中に強く積極的なメッセージを送りました．

アメリカ合衆国：連邦法は人種差別を禁止する．しかし多くのアフリカ系アメリカ人は，経済的不平等と犯罪にさらされ続ける．白人系アメリカ人とアフリカ系アメリカ人の平均余命の違いは少しずつ小さくなっているが，格差は残っている．白人と比較して，アフリカ系アメリカ人は，2倍失業し，3倍貧困の中にあり，6倍犯罪者として収監されている．

アメリカ合衆国における不平等
平均年収と平均余命の比較
2007年

- アフリカ系アメリカ人
- 白人

平均年収：33,916ドル / 54,920ドル
平均余命：73歳 / 78歳

法的には…
締約国は，人種差別を非難し，また，あらゆる形態の人種差別を撤廃する政策及びあらゆる人種間の理解を促進する政策をすべての適当な方法により遅滞なくとることを約束する．

あらゆる形態の人種差別撤廃に関する国際条約，1966年，第2条，第1項

ルーマニアにおける不平等
給与所得層ごとの割合の比較
2001年

- ルーマニアのロマ人
- ルーマニア人

給与なし：23% / 10%
100万レイ*以下：33% / 23%
100〜200万レイ：15% / 33%
200万レイ以上：9% / 20%

*ルーマニアの通貨単位

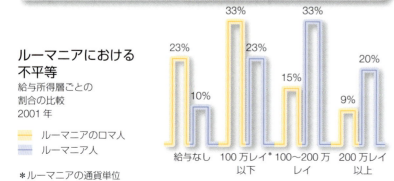

差　別

ヨーロッパ：人種差別的態度と慣習は，すべての人々に対する平等の権利を保障する反人種差別の法律を通じて人種差別を撲滅することを約束するにもかかわらず，ヨーロッパ連合（EU）内には依然として存在する．

フランスでは，人種差別的な国民戦線が2002年の投票で16パーセントの票を公然と獲得した．そして表向きは穏健派の政治家たちは「国民優先」の理念について議論する用意をしている．それによって，フランス国民に一定の仕事は確保される．

ルーマニアでは，10パーセントの人々が，黒人と中国人はルーマニアにいるべきではないと人種差別的な見解を公然と表明し，その一方で，ロマ人はルーマニアのイメージを傷つけるので国を離れるべきではない，と66パーセントの人々が主張する．約半数のルーマニア人がロマ人の人口を制限するためにバースコントロールを支持する．英国では2005年に，白人の6倍以上のアフリカ・カリブ海系，および2倍のアジア系の人々が，職務質問された．

インド
憲法はすべての人々に対する平等を宣言するが，支配的な宗教であるヒンドゥー教は公共の場，私的空間，教育，医療，職業そして結婚相手さえも機会を規定するカースト制を特徴とする支配的な宗教である．ダリットとよばれるもっとも低いカーストの人々は，司法外の殺人と相当数の性的虐待とレイプを含む，差別と組織的虐待を受け続けている．2008年には，6人が，指定カースト〔不可触賤民の代わりの呼称〕（予防）法のもとで，彼らの親族の一人と関係があった罰としてダリットの男性の目を突き刺したとして，告訴された．

人種差別を終わらせること
あらゆる形態の人種差別撤廃に関する条約の締約国

- 締約国
- 個人の苦情を聞くために人種差別の撤廃に関する委員会*の権限を認める締約国
- 未締約国
- 非締約国

＊委員会は，締約国から提出される報告書を再検討し，見解を述べる18人の選出された人権の専門家の組織である．委員会の権限を認める国において個人および集団から苦情を聞く．

障害と精神保健

　身体障害や精神障害のある人々は，何世紀ものあいだ虐待され，差別されてきました．そして，今日でも世界中で続いています．

　虐待のレベルはさまざまですが，社会的に烙印を押され，収監されることも含みます．障害のある人々は，雇用差別を経験したり，給付金と財政的支援を受けることを拒否されたり，公共の場に出ることを制限されたりしています．精神的に問題をかかえる患者は，しばしば拘束され，殴られ，「檻のベッド」に閉じこめられます．これは世界のより貧困な地域においてより悪い状況にあります．

　しかし，国連・障害者の権利に関する条約が，2008年に採択され，障害のある人々の権利を認めることによって進展してきました．この条約は，障害のある人々がすべての人間の尊重と固有の尊厳の平等の完全な資格があると宣言しました．それとともに，障害のある人々への理解と取り組みにおいて「パラダイムシフト」を目標としています．この条約は，障害のある人々の権利が，差別から自由である権利と適切な医療を受ける権利を含むことを定めています．

　大規模な差別と人権侵害は発生し続けています．しかし，条約は，慈善よりも，障害のある人々の権利を決める法的な基準を定めることで評価されると考えられます．

> **法的には…**
> 障害者には，長期的な身体的，精神的，知的又は感覚的な機能障害であって，様々な障壁との相互作用により他の者との平等を基礎として社会に完全かつ効果的に参加することを妨げ得るものを有する者を含む．
>
> 障害者の権利に関する条約，2006年，第1条

シエラ・レオネにおいては，多くの子どもたちが，内乱のあいだに暴徒たちによって手足を切断された．ラハイは，彼が歩き回るのを助けるために車いすを持っている．しかし，彼も，彼の兄弟も一彼の世話をするのを助けるが一学校に通うことができない．

不平等な負担
一般的な障害のある人々の数
2004年

高所得国／低所得国および中所得国

- 難聴：9,800万人／2,600万人
- 視力低下：1億800万人／1,400万人
- うつ病：8,200万人／1,600万人
- 白内障：5,200万人／200万人
- 傷害：4,100万人／400万人
- 骨関節炎：3,300万人／1,000万人
- アルコール依存症：3,300万人／800万人

差　別

障害給付金

それぞれの WHO 地域における障害給付金を受けられる国の割合　2005 年

4 分の 3 以上の国々が，因習的な差別に対して障害のある人々を保護することを求める法律を通過させた．しかし，非公然の差別が広範に起こっている．というのは，不十分なサービスと過酷な環境が障害のある人々が十分に社会に参加することを妨げるからである．資金不足のためにサービスの提供が制限される国では，障害のある人々はしばしば家族によって介護されていて，経済的負担が増大している．

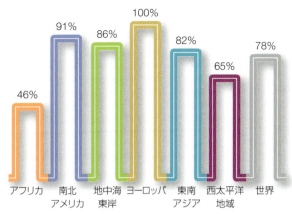

…WHO は世界中で **15 パーセント**の人々が**深刻な障害のある人々**であると推定する…

精神保健政策

それぞれの WHO 地域における精神保健の改善に関する政策をもつ国の割合　2005 年

一貫した政策がないために，しばしばサービスの提供はずさんで非効率的になる．そして説明責任が一般的にないと，精神障害のある人々が経験する劣悪な状況をいっそう悪化させる．

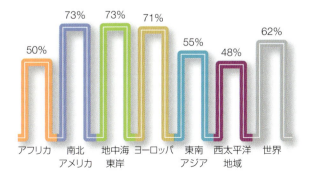

地域ケア

それぞれの WHO 地域における精神障害のある人々に対する地域ケアを提供する国の割合　2005 年

公共のサービスが 3 分の 2 以上の国で存在するが，中国やインドネシアなどいくつかの地域では制限されている．効果的なサービスがないために，精神障害のある人々の多くがほとんどあるいはまったく効果的な治療の方法を提供しない施設に収監されている．

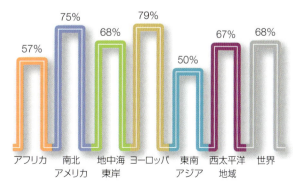

性的自由

　性的自由に対する権利は，まだ基本的人権として公式に認められていません．

　同性のパートナー間の性的関係は，多くの国で深刻な論争になっています．いくつかの文化と宗教では，同性愛はとりわけ，文化的伝統と宗教的信条の侵害であると考えられるからです．そして他の文化が，このように同性愛に否定的な態度をとるのを尊重するという要求が性的自由を基本的人権として承認することの強力な障害となっています．

　多くの国々は同性愛を犯罪とみなし続けています．そして少数ですが，極刑は死です．刑罰が厳しくないところでさえ，家族やコミュニティの拒絶や非難への恐れから，性的少数派は二重生活を送り，恐喝やゆすりを受けやすくなります．彼らはまた不当な逮捕と拘留，身体的攻撃，そして雇用や教育，医療を受ける際に差別に直面します．

　いわゆる 1960 年代の「性革命」を経験した社会や，同性愛が合法である社会ですら偏見は残っています．しかし，2008 年にアメリカ合衆国カリフォルニア州で起こったような，法が撤廃される可能性があるとしても，同性婚やシビルユニオン*を認める法律を通過させる国は増えています．

　性的パートナーの選択は，多くの大人の生活のひとつの形態です．そして個人の自由の権利の本質的な側面です．人権に対する尊重は，人格的な平等の理想への関与が避けられません．同性愛に対する，文化的，宗教的そして法的な制裁は，これらの原則に対する甚だしい侵害であり，組織的差別のひとつです．しかし，これらの議論にもかかわらず，性的自由はまだ十分に実現されていない人権です．

＊（訳者注）シビルユニオン，シビルパートナーシップ：法的に認められたパートナーシップ関係．

法制は多くの国で導入され，アメリカ合衆国ではシビルパートナーシップと結婚において同性のカップルに異性のカップルと同じ権利を与えている．

同性愛についての法制

- 非合法
- 合法
- 不明
- データなし
- ● 死刑が，同性の性的行為に対する最高の判決である．

カリブ海諸国
カリブ海諸国には，同性愛の行為に対するいくつかの苛酷な判決がある．バルバドスとガイアナでは，有罪判決でもっとも重いのは死刑である．トリニダード・トバゴでは，懲役25年の刑である．2000年に英国政府は，カリブ海領域において，同性愛を禁止する法律を撤回するよう大きな反対にあった．

　2008年1月に，友人グループがジャマイカの自宅で，ナイフやなたを振り回し，同性愛反対のスローガンを叫ぶ15人以上の人々によって襲撃された．

増大する承認
全国規模で同性婚を承認する法制の導入
1989～2009 年

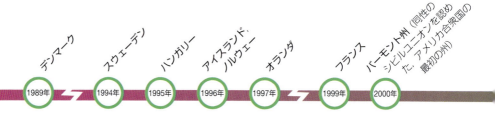

- デンマーク 1989年
- スウェーデン 1994年
- ハンガリー 1995年
- アイスランド，ノルウェー 1996年
- オランダ 1997年
- フランス 1999年
- バーモント州（同性のシビルユニオンを認めた，アメリカ合衆国の最初の州）2000年

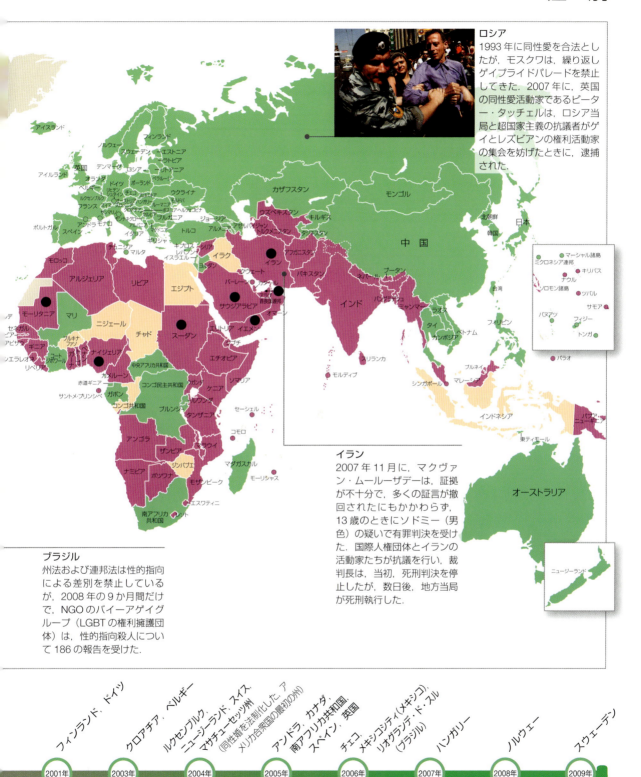

第6部　女性の権利

　女性と少女たちは少なくとも世界の人口の半分を構成しています．しかし，この数の上での同等は，男性と女性それぞれがおかれている人権状況においても同じではありません．世界中で女性は，不平等と差別に直接的にも間接的にも依然として直面しています．

　先進国では，正式には法的な平等を女性に保障してきたという事実にもかかわらず，これらの多くの国々において，女性は，低い賃金，レイプ，家庭内暴力そして女性の健康と福祉に悪影響を及ぼす文化的固定観念という形で間接的な不平等の影響を受け続けています．しかし，組織的な女性の権利の侵害は，女性の平等権を承認することを拒否した国々において，もっともはっきりと現われています．多くの国々が，女性の社会市民生活および公共生活に参加する選挙権あるいは機会を拒否し続けています．同様に，数えきれない何百万人という女性たちが，財産を獲得する権利を否定されています．

　女性の自分自身の身体の管理もまた，中絶の全面禁止やあるいは性と生殖に関する健康の権利が行使できないなど，世界中で厳しく制限されています．そしてそれは女性の性器切除にまで及び，女性の性と健康に回復不可能な障害を残します．世界中で，風俗産業は女性の人権を厳しい制限にさらしてきました．ときに女性たちは，屈辱的で品位を傷つけられ，生命を脅かされる状態で奴隷のように扱われています．

　女性の人権は，国家が制定した政策や法律，女性を過度に制限しようとする固定観念と先入観，深く根づいた文化的伝統と慣習，永久に続くかのようにみえる男女間の不平等などの影響を受け続けています．

英国：100万人の女性によって組織されたロンドンでのデモ行進．

女性の市民権

女性の市民権が組織的に否定され制限されることは，世界中で依然として人権擁護運動の中心的な課題の一つです．

人間は性別にかかわらず，その基本的人権を行使する資格があります．しかし現実には，女性は至るところで多くの差別に直面しています．男性と女性の不平等は，離婚と自分の財産に対する権利，正装の強制，私生活と社会生活のなかで自由に移動する権利の制限などで広くみられます．

いくつかの国々では差別は明白です．法的，社会的そして宗教的な信条に基づいて女性に課された制限がかけられています．ほかにも，差別は，公然と行われてはいませんが，女性の低い社会経済的機会の一因である文化的な問題に深く根付いています．そして女性が，因襲的な女性の美のイメージに近づこうと努力することによって，健康と福祉に悪影響を及ぼすことさえあります．

1995年の北京宣言は，国連が完全な男女の平等を確立するために関与することを断言しました．宣言は，いくつかの重大な懸念事項を確認しました．貧困の影響の男女間の偏り，健康管理と教育へのアクセスに関する不平等，家庭内での女性に対する暴力，そして女性と少女に対する性別による固定観念が与える悪影響を含んでいます．

女性の権利
CIRI目録　2009年

- 雇用に際して男性と不平等である
- いくつかの平等の基準があるが，効果的に実施されていない
- いくつかの平等の基準があるが，わずかに差別がある
- 雇用に際して男性とほとんど平等である
- データなし
- 男性と不平等な選挙権
- 市民権において重大な不平等がある

CEDAW

女子に対するあらゆる形態の差別撤廃に関する条約 1979年（CEDAW）は，女性の権利の防衛のための主要な国際的な法的装置である．

多くの国は条約に署名し批准した．しかし，2009年7月現在アメリカ合衆国はまだ批准していない[*1]．イラン，ナウル，パラオ[*2]，ソマリア，スーダン，トンガは署名しなかった．65を超える署名国が，条約の一部を留保している．たとえば，婚姻における家庭内と家族関係に関する条約（エジプト），離婚に関する条約（シリア），公職への女性の雇用機会の均等に関する条約（イスラエル），そして伝統的な差別的慣行の除去に関する条約（ニジェール・シンガポール）である．それによって，その国の女性の平等に対する因襲的な傾向が明るみに出る．

*1 訳者注：2019年3月現在，まだ批准していない
*2 訳者注：2011年に署名

女性と貧困
アメリカ合衆国の公的な貧困線以下で生活している家族の割合　2006年

- すべての家族
- 女性を世帯主とする家族

	アメリカ先住民	ヒスパニック	黒人	アジア人	非ヒスパニック系白人
すべての家族	23%	19%	22%	8%	7%
女性を世帯主とする家族	42%	39%	36%	18%	24%

p.14～15 おもな人権協定

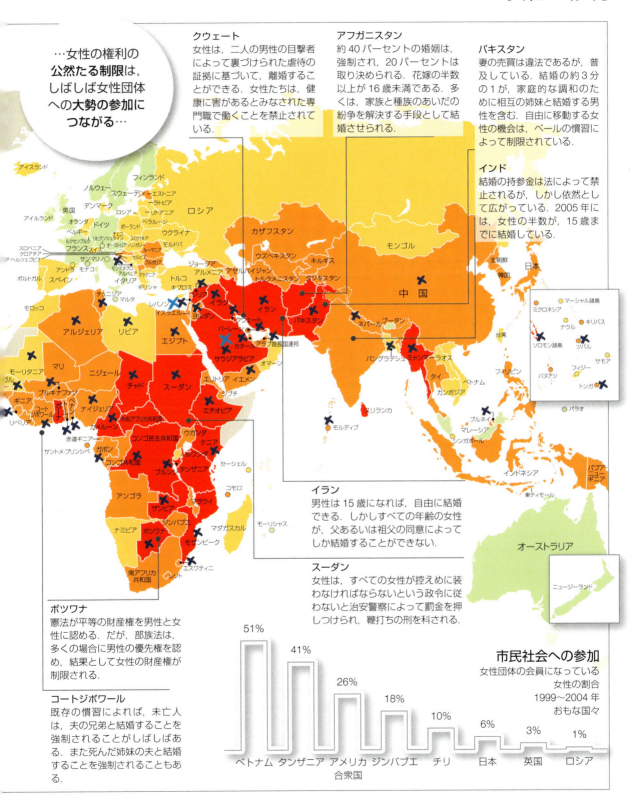

家庭内暴力

　世界中の多くの女性にとって厳しい現実は，生命と安全に対する女性の権利が国家権力から直接危険にさらされているのではなく，家庭内や親密なパートナーから脅かされていることです．

　家庭内暴力は，心理的虐待と脅迫から身体的暴行，体の一部を損なうような暴力，死に至る暴力までを含みます．女性の権利の侵害が，いくつかの地域でほかの地域よりも顕著である一方で，家庭内暴力は，真に世界中で起こっている現象です．家庭内暴力は，社会階級，経済的富裕，民族的アイデンティティ，そして宗教的信念などによって生じる女性への差別の違いに関係なく，あらゆる国々で起こります．

　国家と社会的態度は，家庭内暴力と闘う政策に強い影響を与えています．国家は家庭内暴力を行いませんが，家庭内暴力は犯罪的暴行としてよりもむしろ，人権侵害としての現象であると認めなくてはなりません．このような意欲がまず第一に家庭内暴力を防ごうとする公的機関を設立する際には，重要な役割を果たします．

　社会的態度も，家庭内暴力がどのように評価され，家庭内暴力を行うものと被害者がどのように認められるかを決定するのに重要です．いわゆる「名誉ある殺人」の場合には，婚姻外の性的関係をもつことによって，（意志に反してでさえも）家族に恥をもたらしたと宣告された女性を家族の男性が殺害します．この「名誉ある殺人」は，いくつかの国々では，無関係な女性を殺害するよりも罪が軽いと考えられています．そして，多くの女性は，結婚による拘束が彼女たちの人権を無効にし，夫の暴力を受け入れているようにみえます．

> **国際連合では…**
> 「女性と少女たちに対する暴力は，すべての大陸，国そして文化において減少しない状態にある．暴力は女性たちの生命を奪い，その家族そして社会全体を荒廃させる．たいていの社会はこのような暴力を禁止する—しかし実際はあまりに頻繁に起こり，覆い隠され，暗黙のうちに認められている」
>
> 潘基文国連事務総長，2007年3月8日

攻撃のもとの女性
親密なパートナーあるいは家族による女性に対する暴力的攻撃
2000～2009年

■ 名誉ある殺人が常態化している．
□ 殺人が起こっている．

アメリカ合衆国
少なくとも20パーセントの女性がパートナーあるいは元パートナーによって身体的に虐待されたと推定される．

ハイチ
刑法は妻が姦通したら殺すことを許可する．

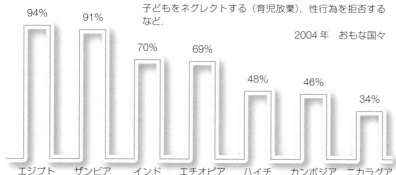

女性の見解
理由があれば夫は妻を殴ってもよいと考える女性の割合．食物を焼き捨てる，夫と言い争う，夫に内緒で外出する，子どもをネグレクトする（育児放棄），性行為を拒否するなど．

2004年　おもな国々

- エジプト 94%
- ザンビア 91%
- インド 70%
- エチオピア 69%
- ハイチ 48%
- カンボジア 46%
- ニカラグア 34%

女性の権利

トルコ
母親が息子の写真をもっている．この息子は，姉妹が叔父によってレイプされたのちに「名誉を失った」という理由で姉妹を殺害した．トルコ政府と裁判所は，女性に対する暴力に対して行動しないという理由でアムネスティ・インターナショナル（NGO団体）によって批判された．

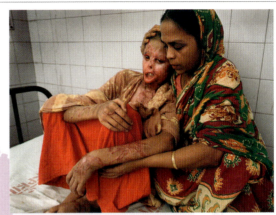

バングラデシュ
成人女性全体の少なくとも50パーセントが家庭内暴力を受けていると推定され，その多くは持参金問題と関係している．母親といるこの若い女性が被ったような，酸による攻撃は，ごく一般的であり，外見が変形し，盲目に至る可能性がある．

エジプト
2008年10月に，夫による妻への性的暴行を裁く最初の事例が，エジプトの前の法制度で行われた．

パキスタン
いわゆる「名誉殺人」は，広範に行われている．2008年には，灯油を浴びせられ火をつけられた女性の21の事例が報告された．2005年の法律は，家族の名誉を傷つけたとされる妻と娘の殺害に対する告発を減少あるいは中止するための金銭的な交渉を許可した．

ヨルダン
毎年15～20人の女性が，家族の名誉の名のもとで殺される．かれらは1年以下の収監を受けたのが典型的である．支援グループは長いあいだこの状況を変えようと，加害者に対してより厳しい判決を求めて戦ってきた．2008年には姉妹を殺害した罪で男性に7年以上の収監が宣告された．

エチオピア
調査した女性の約60パーセントが，生涯のあいだに親密なパートナーによる身体的あるいは性的な暴力を経験していた．別の調査では，大半の女性が，男性が妻を殴る権利をもっていると考えていたことがわかった．

エスワティニ
男性の60パーセント以上が，妻を殴ることが合理的であると考えている．

p.78～79 強姦（レイプ）　▶▶　77

強姦（レイプ）

　強姦（レイプ）は，被害者の個人の安全に対する人権の基本的な侵害です．家族内暴力と同様に，レイプは実際，世界中で起きています．

　男性が男性をレイプする事例がある一方で，レイプの被害者の多くは女性であり，加害者は男性です．レイプは世界中で犯罪として認められています．しかし，レイプについての正確な統計の収集は多数の要素によって，非常に難しくなっています．

　レイプは，多くの被害者が警察に行くことに消極的であり，家族に言うことすらできないことによって，過少報告になるという広く認められている問題があります．その理由はさまざまで，社会的汚名，アフガニスタンのように女性が訴えたとしても，加害者が合意のうえだったと言えば女性のほうが姦通罪に問われる可能性があることなどです．

　いくつかの国では，夫による妻のレイプは，完全に合法的であり，夫の権利の一部であると考えられています．レイプのこのような事例は，国家が行う犯罪データベースには現れないでしょう．

　レイプは，武器をもたない市民を服従させるひとつの手段として，世界中で組織的に行われています．1998年のローマ協定で，レイプは起訴できる戦争犯罪として最終的に認定されました．

…5人に1人の**女性**が，その生涯において**レイプまたはレイプ未遂の被害者**となる…

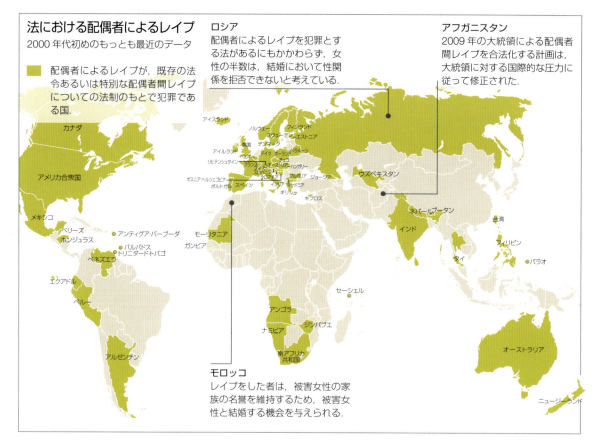

女性の権利

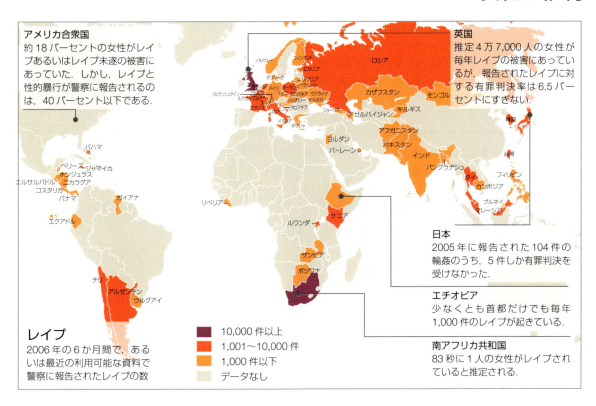

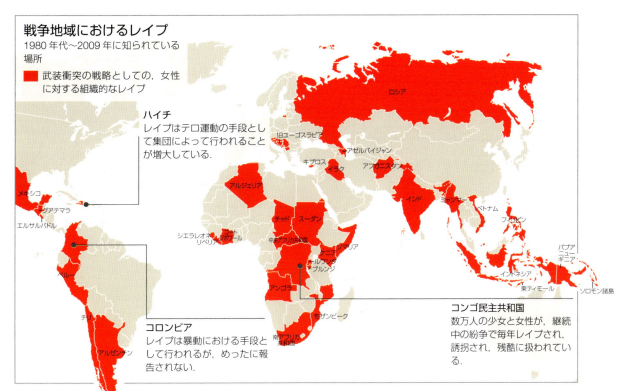

選択する権利

妊娠を継続するかどうかを選ぶ女性の権利は，世界中で，政治的論争や道徳的な論争に巻き込まれています．

いかなる人権文書も，妊娠中絶の権利を女性に認めません．あるいは効果的な避妊の方法の利用を認めていません．そして妊娠中絶を禁止する法は，必ずしも人権法に反しているとは思われていません．

人権は，個人的自由の理想に強く基づいています．強い議論は，女性の自由権の行使が妊娠することや妊娠を終わらせることを選択できるような重要な事象にまで拡大しなければならないことを主張します．そして，この領域では，はっきりとした特殊な人権の欠如が，その自由権に対する過度な制限として多くの人々によって認められています．

並行した議論は，女性の人権が健康上達成可能な最高基準になるために行われます．これは，とりわけ避妊が大規模制限されているか利用できない，世界中の地域における論題です．アフリカと中南米の女性のあいだでは，エイズ（HIV/AIDS）が蔓延しています．これは避妊をしていないことに原因があります．同様に，多くの女性が，いくつかの国において法的な避妊禁止の結果妊娠し，安全ではない妊娠中絶にさらされています．

このような議論にもかかわらず，女性の生殖の権利は世界の多くの地域において，法制と制限に依存しています．皮肉なことですが，妊娠中絶が禁止されているいくつかの国で，望まれない女児を除去することがしばしばあります．いくつかの国の文化では，女児は男児よりも価値が低いとされています．

…世界の全人口の **26パーセント**が中絶が禁止されている国に住んでいる…

避妊方法の利用
2007年

結婚した女性の20パーセント，あるいはそれ以上が，子どもを産むことを制限したいと考えている．しかし，避妊の工夫や技術を何も使わない．

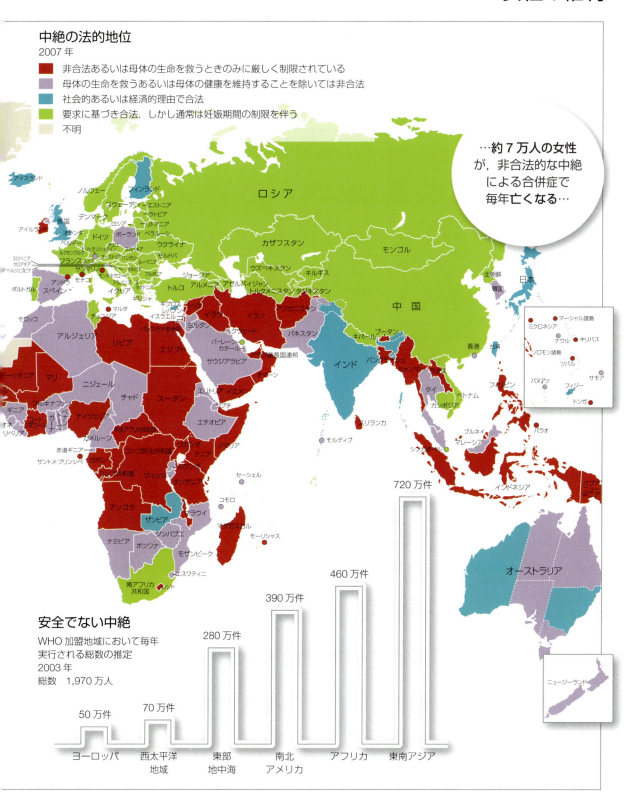

女性の性器切除

　人権の視点からみれば，女性性器切除（FGM）は，その犠牲者に対して深刻で長く続く影響を伴う暴力行為だと考えられます．
　女性性器切除は，中東とサハラ砂漠以南のアフリカ諸国で広く行われており，人権問題として指摘されています．それは，多くの地域社会の生活様式のなかで長く確立された慣習であり，文化的多様性および民族自決権の原理を受け入れることとかかわっています．しかしながら，いくつかの文化慣習は，人権の侵害として指摘されています．とくに女性性器切除は，「女子に対するあらゆる形態の差別撤廃に関する条約」（1979年），そして「女性に対するあらゆる形態の暴力の撤廃に関する宣言」（1993年）を含む数多くの人権文書において一貫して，明白に非難されています．
　国際的な非難と女性性器切除を犯罪とする法制が拡大しているにもかかわらず，このような慣習は維持され，批判したり禁止することは文化的不寛容につながると擁護する人々もいます．

女性性器切除の普及
15～49歳の少女および女性における女性性器切除の推定普及率
2009年あるいは最近のデータ

- ほとんど普及している．90%あるいはそれ以上
- 通常の実施　50～90%
- 通常以下の実施　5～50%
- 少数の発生率．5%以下．小規模集団や小規模コミュニティにおいてのみしばしば実施される
- 輸入された発生率：移民集団によって実施され，場所が特定されている
- 他の国々

法的には…
女性に対する暴力は，以下のものを含むと理解される．ただし，これに限定されない．家庭において発生する身体的，性的および心理的暴力であって，殴打，世帯内での女児に対する性的虐待，持参金に関連する暴力，夫婦間におけるレイプ，女性性器切除およびその他の女性に有害な伝統的慣行，非夫婦間の暴力および搾取に関連する暴力を含む．

女子に対するあらゆる形態の暴力の撤廃に関する宣言，1993年，第2条

女性性器切除（FGM）の事実
- 女性性器切除は，非医学的な理由で女性性器を意図的に変えたり，損傷したりする処置を含む．
- たいてい幼児から15歳のあいだで行われる．
- 処置は健康上の利益をもたない．
- 処置は深刻な出血と排尿の問題を引き起こす可能性がある．
- のちに，出産時の合併症と新生児の死につながる可能性がある．

女性性器切除の法的位置づけ
2008年

- 法により禁止されている
- いくつかの州で禁止されている
- 日常的に女性性器切除を行っており，それを禁止する法制がない
- 他の国々

オーストラリア，カナダ，フランス，スウェーデンそしてアメリカ合衆国を含むいくつかの政府は，女性性器切除が広く行われている国々から逃げ出した女性と少女たちに避難所を提供する判例を確立した．

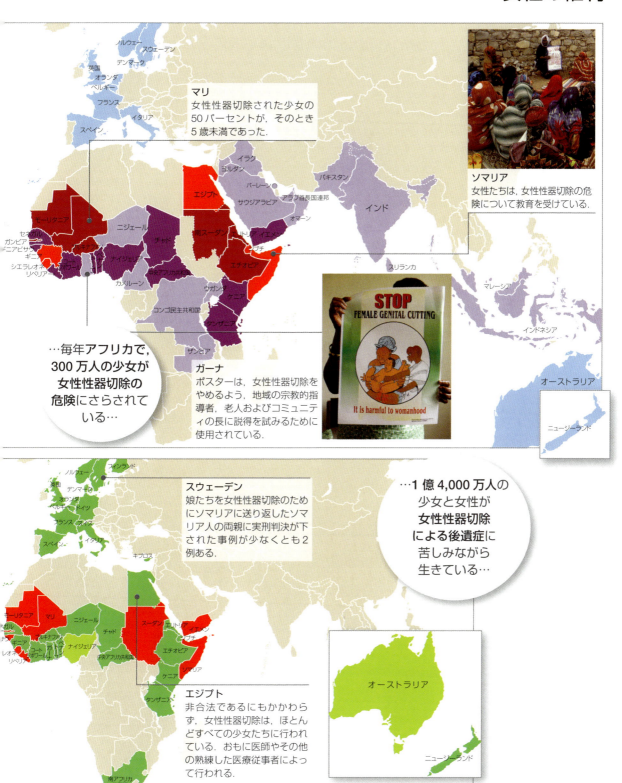

性的隷属

　人権の原則は，すべての人間が内在的価値をもっており，いかなる人間も単なる商品におとしめられてはならないという考えに基づいています．

　女性および少女たちのグローバルな性的搾取を目的とした人身売買は，数世紀にわたる奴隷売買を永続化するものです．女性の人身売買は，それ自体が人権侵害そのものであるばかりではなく，その被害者は多くのほかの人権も厳しく制限されます．自由な移動の権利，残酷で屈辱的な扱いから自由になる権利，そして人間らしく生きる権利さえ厳しく制限されます．国境を越えた人身売買はつねに違法入国で，売買された女性たちは，市民権をもたないため，医療サービスや社会福祉を享受できません．他の社会的便益を奪われています．

　グローバルな女性の人身売買は，グローバルな不平等がもたらすもうひとつの側面を明らかにします．それは，世界の貧しい国々が人身売買の供給国であり，富裕国が目的国であるということです．

　世界のほとんどの国が，女子に対するあらゆる形態の差別に関する条約（女子差別撤廃条約，CEDAW）1979 年と子どもの権利条約 1989 年に署名し，それによって女性と子どもたちを人身売買業者から法的に保護することを誓約しています．それにもかかわらず，女性の人身売買は，地球上の何百万人という女性と少女たちの人権を侵害し続けています．

人身売買
米国国務省人身取引監視対策部による人身取引被害者保護法（TVPA）を基準にした評価とおもな人身売買ルート　2009 年

- TVPA が定める最低基準を満たしている
- 最低基準を満たしていないが，かなりの努力を行っている
- 最低基準を満たしていないが，かなりの努力を行っている．しかしまだ人身売買を行っている証拠がある
- 全く評価できない
- おもな人身売買の流れ

法的には…
締約国は，あらゆる形態の女子の売買および女子の売春からの搾取を禁止するためのすべての適当な措置（立法を含む）をとる．

CEDAW，1979 年，第 6 章

避妊
避妊と女性の人身売買に対する地域別の有罪の判決　2008 年

- 避妊
- 有罪

地域	避妊	有罪
アフリカ	109 件	90 件
近東	120 件	26 件
南北アメリカ カリブ海諸国	448 件	161 件
南・中央アジア	644 件	342 件
東アジア太平洋	1,803 件	643 件
ヨーロッパ	2,808 件	1,721 件

女性の権利

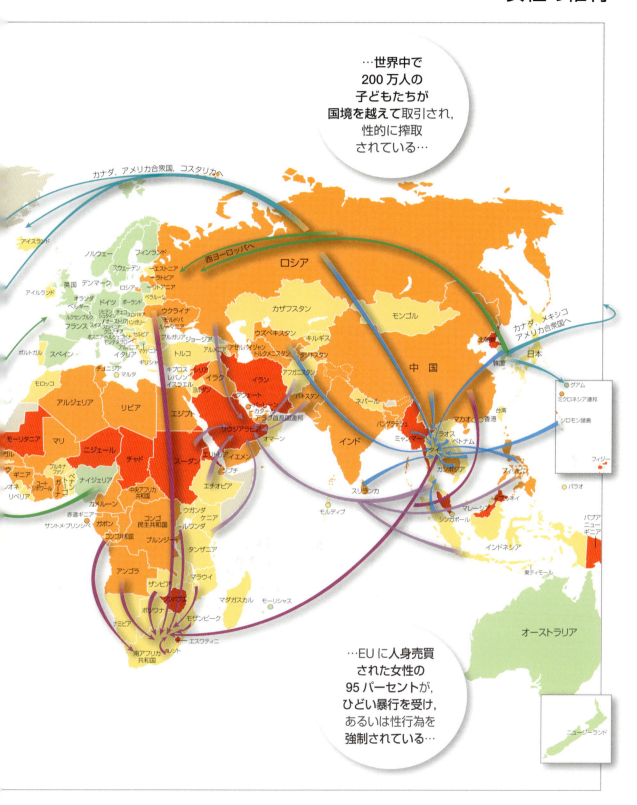

第7部　子どもの権利

　人権は，世界中の人間社会でもっとも弱い立場の人たちを守るために存在します．その集団のひとつが，子どもたちです．子どもたちは，自分自身ではどうにもできない世界で生きることを強制されているのです．
　子どもだけに影響を与える人権侵害があります．教育を受ける権利の拒絶，武力紛争において子ども兵士を使用することなどです．すべての人に影響を与える人権侵害もあります．ですが，どのような人権侵害も子どもたちにもっとも大きな打撃を与えます．これらの侵害は，健康に生きる権利の拒絶，絶対的貧困の影響からの自由などの権利の拒絶を含んでいます．
　子どもたちの人権は，1989年の「子どもの権利条約」に謳われています．しかし，「子どもの権利条約」の成立にもかかわらず，子どもの虐待と権利侵害は，ゆううつになるほど広範囲に及んでいます．推定900万人の子どもたちが，5歳になる前に毎年亡くなっています．飢餓のために，6秒に1人の子どもが亡くなっています．子どもが亡くなるおもな原因は，絶対的貧困，欠乏そして基本医療と公衆衛生の欠如です．
　このような統計は恐るべきものですが，氷山の一角にすぎません．5歳を超えて生き残った子どもの多くは，悲惨な状況におかれています．5～14歳の約1億9,000万人の子どもたちが，なんらかの経済活動に従事しており，多くは危険で劣悪な状態におかれ，長時間の労働を強制されています．多くの場合に，これらの状態は，子どもの健康，発達そして福祉に対する長く続く影響を与えます．
　約1億人の子どもたちが，学校に通っていません．教育を受ける権利という，子どもたちの人権をこのように否定することには，多くの理由と解釈があります．子どもが通える学校がないのかもしれません．あるいは遠すぎて通うことができないのかもしれません．いくつかの事例においては，少女たちは，伝統的な役割を果たすだけならば，もっとも基礎的な教育しか必要がないという理由で，家族によって学校に通うことを妨げられます．
　最後に，少なからず重要なことがあります．今日，世界に戦争と武力紛争に志願し巻き込まれた，推定30万人の子ども兵士たちがいることです．大人になる前に亡くなる多くの子どもたちがいます．その一方で，子ども時代を享受する機会を奪われている子どもたちもいます．

マダガスカル：少年にとても負荷がかかる煉瓦運び．

子どもの労働（児童労働）

5〜14歳の1億9,000万人を超える子どもたちが，さまざまな経済活動に従事していると推定されています．

子どもたちの大半は，農業分野で働いています．そして子どもの労働は，一般に都会よりも田舎におけるほうがはるかに多いのです．しばしば，子どもたちは，賃金のために働いているのではなく，単に家族が生き残ることを助けるために働いています．水を汲み集めること，貴重な家畜を監視し続けること，食事を作り準備することなどです．

国際人権法は，子どもたちが労働することをとくに明確に禁止しているわけではありません．しかし，子どもたちの人権に悪い影響を及ぼす仕事から子どもたちを守ることを目的としています．

推定1億2,600万人の子どもたちが，体に有害な労働形態に巻き込まれています．鉱山，工場そして工事現場での労働，また機械を操作するような労働です．それらの労働で，子どもたちは，慢性疾患にかかったり，盲目になったり，手足を失い，生命さえ失う危険を冒しているのです．

家族の貧困は，多くの子どもたちが労働を強制される根本的な原因です．しかし労働は，子どもたちの健康と身体の成長にダメージを与えるだけでなく，子どもたちの社会的成長にも影響を及ぼします．子どもたちは，通常学校に通うことができないため，貧困社会から抜け出す機会を奪われています．

労働する子どもたちの数は，しだいに減少しているようにみえますが，その一方で，多くの産業が多くの子どもたちを雇い続け，大人の労働者たちよりも明らかに劣悪な条件で雇うことで，グローバルな経済システムに巻き込まれた子どもたちを搾取しています．

法的には…
締約国は，児童が経済的な搾取から保護されおよび危険となりもしくは児童の教育の妨げとなりまたは児童の健康もしくは身体的，精神的，道徳的もしくは社会的な発達に有害となるおそれのある労働への従事から保護される権利を認める．

子どもの権利条約，1989年，第32条

…世界中で
**1億100万人を超える
子どもたちが
学校に通っていない**
と推定される…

抵当に入れられた労働
輸出用カーペット生産は，多くの南アジア経済の重要な側面である．パキスタンでは，カーペット織工の50パーセントが，14歳以下の子どもたちである．多くの子どもたちは，1日12時間，あるいはそれ以上働き，大人の職工が受け取る労賃よりも3分の1少ない労賃で働くことが多い．パキスタンのカーペット工場に広がるいわゆる「ペシュジ・システム」のもとで，多くの子どもたちが結果的に抵当に入れられた労働者である．この制度は，子どもたちがカーペット織工になる見返りに，貧困な家族に現金を前渡しする．子どもたちは，その借金を返済するまで，離職することも労働条件について不平を言うこともできず，通常は長い歳月がかかる．

子どもの権利

仕事の種類
各労働分野で雇用されている5〜14歳の子どもの割合
2004年

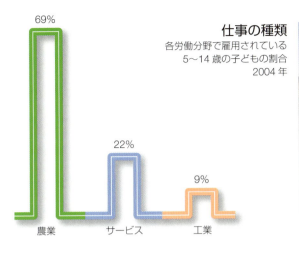

- 農業 69%
- サービス 22%
- 工業 9%

エジプト
5歳くらいの小さい子どもたちが，わずかな労賃のために野原で一日中働く．

労働する子どもたち
5〜14歳の経済活動に従事する子どもたちの地域的分布
2004年

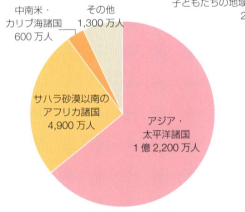

- 中南米・カリブ海諸国 600万人
- その他 1,300万人
- サハラ砂漠以南のアフリカ諸国 4,900万人
- アジア・太平洋諸国 1億2,200万人

合計：1億9,000万人

ウガンダ
カトヴェ湖畔で生活する子どもたちは，学校に通う代わりに，塩のたらいを運ぶことによって，家族のためにお金を稼ぐ．

発生率の減少
5〜14歳の経済活動に従事する子どもたちの地域的な全体の割合
2000年と2004年

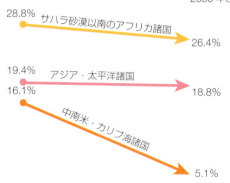

- サハラ砂漠以南のアフリカ諸国 28.8% → 26.4%
- アジア・太平洋諸国 19.4% → 18.8%
- 中南米・カリブ海諸国 16.1% → 5.1%

バングラデシュ
小さい子どもたちは干し魚をつくるために，魚を分別する仕事をする．

子ども兵士

18歳未満の兵士が推定30万人います．彼らは，世界中で戦争を遂行しています．

前線には，突撃銃を使用し，なたをふるい，あるいはロケット弾を使用する子どもたちがいるのです．「戦闘支援」の役割で，通信員，スパイ，料理人，地雷除去，荷物運び，そして性的奴隷として使われている子どもたちもいます．このような子どもたちが殺人，レイプに参加することは，異常ではありません．

民兵，暴徒集団および反乱軍に加わる子ども兵士は，14歳から17歳までの年齢であることがよくあります．しかし，7歳くらいの子どもも記録されています．少年少女は，さまざまな方法で，「新兵として採用」されます．しばしば親たちは，自分の子どもたちを貧困から逃れるために差し出します．あるいは子どもたちは，敵対する党派から自分自身および家族を守るという希望で戦うことを志願するかもしれません．または，特定の戦う原因とみずからを同一視するからかもしれません．しかし，多くの場合，子どもたちは，軍隊が村や集落を通過する際に，容易にさらわれてしまうのです．リベリアの元大統領のチャールズ・テーラーは，数ある残虐行為の中でも，子ども兵士を新兵として採用したことに対して，ハーグの国際人権法廷で裁判にかけられました．

軍事紛争に子どもたちを巻き込むことに反対する選択議定書は，2002年に施行され，2009年までに128の国々によって批准されました．その議定書は，18歳未満の兵士の強制的な徴募を禁止し，敵対行為に巻き込むことを禁止しています．アメリカ合衆国と英国の軍隊は，17歳から新兵を採用します．しかし，選択議定書に署名して以来，18歳未満の新兵が紛争圏に送られるのを防止する措置をとってきました．2009年に，リフレマン・ウィリアム・アルドリッジは，18歳の誕生日の三日後，英国軍によってアフガニスタンに配備され，45日後に殺されました．

法的には…
締約国は，18歳未満の自国の軍隊の構成員が敵対行為に直接参加しないことを確保するためのすべての実行可能な措置をとる．そして18歳未満の者を自国の軍隊に強制的に徴集しないことを確保する．

子どもの権利条約1989年の選択議定書，2000年，第1条，第2条

引退した子ども兵士は語る…
「私は人々に死を与えてしまったことについて，とても困惑している．家に帰ると，私はいくつかの伝統的な儀式を行い…自分を清めなければならない．私はまだ自分が殺してしまった村の少年の夢をみる．…彼は私に語りかける．私は理由もなく，彼を殺した，そして私は泣き叫んでいる．」
武装集団から除隊した16歳の少女

「私は入ったばかりで，難しい仕事を行うことができなかった．そのため私は毎朝叩かれた．二人の友人が，叩かれて死んだ．兵士たちは，野営地の便所に遺体を埋めた．私は，まだ友人たちのことを考えている．」
前子ども兵士

暴力の子ども
18歳未満の子どもたちが新兵として採用された，あるいは敵対行為に利用された国々
2004〜2007年

コロンビア
子どもたちは，戦闘員および鉱山工として，武装した対立グループに利用される．捕まれば，かれらは政府軍によって尋問されるかもしれない．この13歳の子どもは，世評では5人を殺したといわれている．この子どものように，ほかの子どもたちも，軍事グループとドラッグの売人との紛争において暗殺者として雇われる．

子どもの権利

イスラエルとパレスチナ自治区
子どもたちは，二つの側に含まれている．イスラエルの子どもたちは，暴力的な活動における過激な移民たちの運動に利用されてきた．イスラエルの軍隊は，パレスチナの子どもを楯として使用した疑いがある．そして何千人という子どもたちを逮捕し，尋問した．例えば，14歳のアル・ラフマン・アフマットタイトは，投石の罪で逮捕された．

ネパール
ネパール君主制と毛沢東主義者のあいだで起こった内戦の10年間で，子どもたちは，両方から徴兵された．しかし，2006年の平和合意に従い国連機関の力を借りて，かれらを救済し，リハビリを行う措置がとられた．

チャド
子どもたちは，東側の国境警備隊として，難民収容所から政府に採用された．子ども兵士を除隊させるという合意にもかかわらず，1万人以上の子どもたちが，2007年に政府と軍隊に残っていると推定された．

中央アフリカ共和国
子ども兵士は，2005年に二つの武装グループのあいだで勃発した戦闘において，両方に使われた．ACミランのサッカーシャツを着てスポーツをするこの子どももそうである．

コンゴ民主共和国
少なくとも7,000人の子ども兵士が，国の東部で勃発し続ける紛争に巻き込まれている．たいていの子どもは，自分たちのしていることの残忍性や，残虐な訓練を正当化して説明する．

ミャンマー
何千という子どもたちが，独立を求めて闘う少数民族集団と政府のあいだで継続中の戦闘において，兵士として使われる．これらの子どもたちは，カレン族軍ゲリラの一部である．

教育

教育は核心となる権利であり，広範なほかの人権を獲得するための土台です．

子どもたちは初等教育を受けるという基本的な権利をもっています．世界中のほとんどすべての国が，子どもの権利条約を批准しています．それによって，自由と普遍的な初等教育を提供し，中等教育を受けられる施設を普及させなければなりません．

先進国は，公的な初等教育および中等教育の普及を導いています．しかし，1990年代初頭以来，発展途上国の多くの地域で重要な前進がなされました．高いレベルの学校の在籍者数を達成し，少年少女の在籍者数においてもまた，長年の不平等が縮減されました．

学校の在籍者を増やすために重要な要素がいくつかあります．すなわち，教育に対する高い政府の経費，高い家計収入，女性の高い識字率，支払われた雇用における女性の高い割合，そして地方で暮らしている住民のより高い割合です．これらの地域では，学校へのアクセスがより簡単です．

多くの挑戦が続いています．学校への入学者数の増大は，必ずしも子どもたちが正規の基礎に基づいてクラスにいることを意味するわけではありません．発展途上国の多くでは，欠席者数が高いのです．入学率は，教育の質を測定するのではありません．教育の質は，提供された設備とクラスの人員とかかわっています．教師の，教師としての訓練期間の短さは，多くの国において適切な教育を提供することにとって依然として深刻な障害になっています．

初等教育の入学者
初等学校入学年齢の子どもたちの割合
2000～2007年の統計

- 90%以上
- 70～89%
- 50～69%
- 30～49%
- データなし

少年と比較した少女の就学率

10～27% 低い

ニカラグア
1999～2003年のあいだに2倍の教育費を投資している国家．

法的には…
締約国は，教育についての児童の権利を認めるものとし，この権利を漸進的にかつ機会の平等を基礎として達成するため，特に，
(a) 初等教育を義務的なものとし，すべての者に対して無償のものとする．
(b) 種々の形態の中等教育（一般教育及び職業教育を含む．）の発展を奨励し，すべての児童に対し，これらの中等教育が利用可能であり，かつ，これらを利用する機会が与えられるものとする…

子どもの権利条約，1989年，第28条

学校に行っていない
学校に通っていない初等学校の年齢の子どもたちの数
2007年

- 少年
- 少女

サハラ砂漠以南のアフリカ諸国：2,200万人／2,400万人
南アジア：1,600万人／1,900万人
中東・北アフリカ：300万人／400万人
東アジア・太平洋諸国：200万人／300万人
中南米・カリブ海諸国：200万人／200万人
新興国：300万人／200万人

…約4,300万人の少年と5,300万人の少女たちが学校に通っていない…

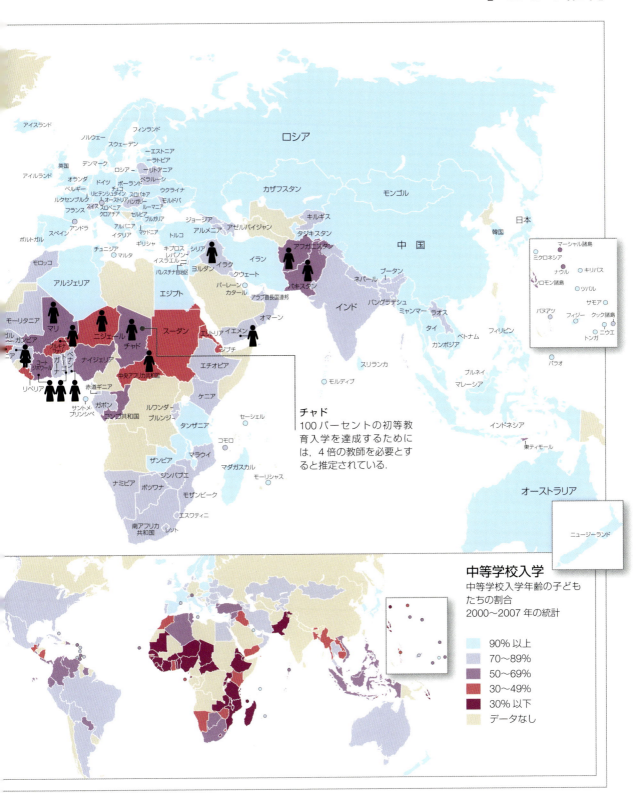

子どもの死と健康

子どもたちがもっているすべての人権の中で，生命と健康を享受する子どもたちの権利は地球上でもっとも脅かされています．

多くの先進国では，子どもたちが死ぬリスクは非常に低く，その一方で，発展途上国では，子どもたちの死はあまりにもしばしば起こることです．2007年には，推定900万人の子どもたちが，5歳になる前に亡くなりました．これらの死者の中で，300万人を超える子どもたちが，生後1か月以内で死亡しました．

このような個人的な惨事の可能性は，多くの要因によって影響されています．それらの要因の多くは，予防可能なものです．それは，高いレベルのエイズ（HIV/AIDS），予防接種の欠如，訓練を受けた医療専門家の欠如，清潔な水と下水設備へのアクセスの欠如，殺虫剤と蚊帳の欠如，武装衝突にさらされることすら含みます．要素はまた，家計収入のレベルを含みます．どの国の内部でも富裕層の子どもと貧困層の子どものあいだでは子どもの死亡率には大きな差があります．

発展途上国の多くの地域における子どもたちもまた，貧困な健康状態におかれ，適切に栄養ある食事を欠いているでしょう．2007年に，1億1,200万人の5歳未満の子どもたちが必要とされる体重からみて過少体重であると推定されました．しかしこれが1990年の統計から7パーセントの減少を示すことは心強いことです．しかし，栄養不良は依然としてこの年齢の子どもの死因の3分の1を超える重大な要因です．

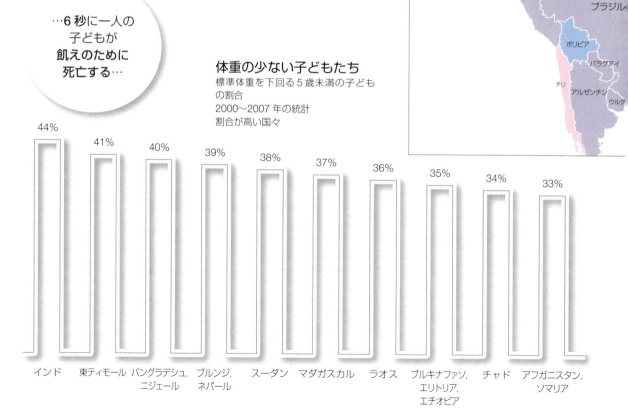

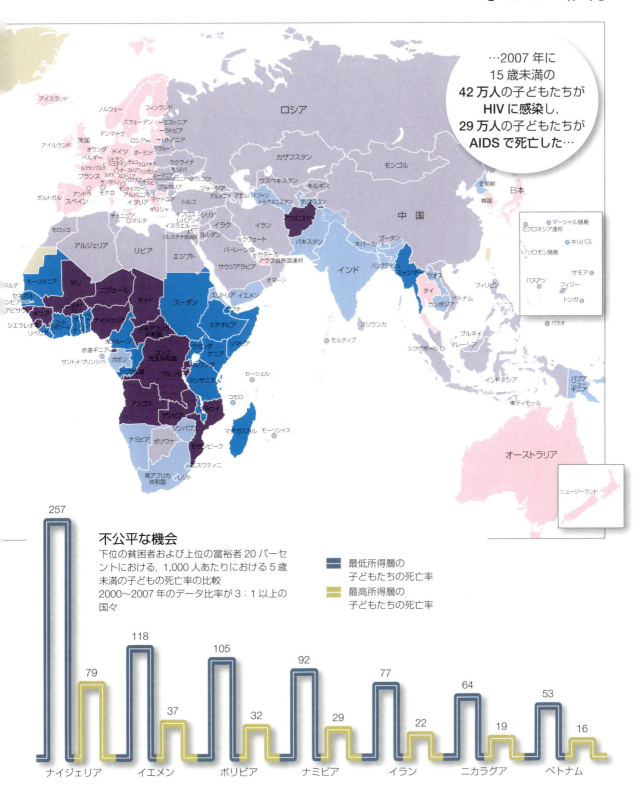

第8部　国のプロフィールと世界のデータ

　あらゆる国家がいたるところで，少なからず人権を侵害しています．組織的に，また広範囲に侵害する国があります．機会があれば侵害する国もあります．人権を守るための闘いは真にグローバルな挑戦であり，出来事です．

　この章では，世界中の国家—もっとも強力で豊かな国々からもっとも脆弱で貧困な国々まで—の大多数において存続している人権問題の一部分を簡潔に説明しています．データは，異なる資料からまとめられています．

　人権侵害の目録をつくることは容易な仕事ではなく，必然的に多くの障害に直面します．そのような障害のもっとも深刻なものは，人権侵害者たちの行為を正確に記録することに対して向けられるかれらの敵意です．国家機密，法による情報の制限，そして広範囲の統計的なデータ収集が欠如していることが，人権侵害の実態を明らかにしようとする人権擁護者たちの障壁となっています．

　そのような数々の障害があるにもかかわらず，人権侵害についての信頼性のある指標があり，ここで紹介している一覧表の土台となっています．よく，知は力なりといいますが，それは，人権侵害と権力者による侵害が正確に認識され問題提起する土台となります．

国々のプロフィール

おもな国々における主要な人権問題の概要．

アイルランド
多くの刑務所の状態について批判されてきました．女性の生殖の権利は，中絶についてのカトリック教会の政策と生命の権利にしたがって制限されています．

アゼルバイジャン
ずっと表現の自由および集会の自由を制限していることにより非難されてきました．これらの制限は選挙前や選挙期間中に厳しくなる傾向があります．

アフガニスタン
人権状況は非常に悪いままです．NATO軍とタリバーン民兵のあいだで起こった武装衝突は人々の安全を脅かし，食糧と水の供給を崩壊させ，家屋を破壊するにいたりました．選挙は行われましたが表現の自由を制限しているためにずっと批判されています．女性の地位はタリバーンの規律による低い位置づけから改善しましたが，まだ多くの人権が制限されています．平均余命は43歳です．死刑制度を保持しています．

アメリカ合衆国
オバマ大統領は，就任してすぐにグアンタナモ収容所を閉鎖することを誓いました．それは広く国際的な賛同を得た一方で，拘留者たちの今後について問題を残しました．アメリカ合衆国の軍人は，イラクやアフガニスタンなどの国で，市民の殺害，暴行，性的暴行の罪を告発されており，いくつかの事例では有罪判決を受けています．また官僚はいわゆる特例引き渡しにかかわっていました．国内の5,000万を超えるアメリカ人が包括的医療を受けることができません．多くの州は，刑が確定した犯罪者の死刑を執行しています．2005年のハリケーン・カトリーナの影響は，多くの被災者に与え続けています．被災者たちはいまだに国内で自分の土地を離れ，住む家を失っています．

アラブ首長国連邦
表現の自由は厳格な管理のもとにおかれ，多くのジャーナリストやインターネットのプロバイダーが政府を批判したことによって，名誉毀損罪で有罪判決を受けています．移民労働者は，迫害と搾取に直面しています．強制労働のために移民を売買することはほとんど当局に無視されています．鞭打ちのような残酷で侮辱的な刑罰が与えられ続けられています．

アルジェリア
広範にわたる政治的暴力を経験した結果，多くの命が失われました．そして，表現の自由を制限し，女性に対する暴力と差別を続け，市民を殺害し，拷問し，損傷を与えた国家官僚が無罪放免されているために非難されています．また，保安部隊も対立組織あるいはテロリスト組織に加担している疑いをもたれた人々を秘密裏に不当に拘留していることに対して非難されています．

アルゼンチン
人権問題は1970，1980年代の軍事政権の支配以来著しく改善しましたが，原住民の人口が減少し続けるのは差別を続けているからだと批判され続けています．刑務所に収監された人々の生活環境もまた批判を浴び続けています．

アルバニア
ヨーロッパ連合（EU）に加盟することを求めていますが，人権においていくつかの面で懸念が高まっています．女性の権利は依然として問題を抱えています．頻発する家庭内暴力，慣習的に行われている女性の人身売買があります．刑務所に収監された人々が経験する劣悪な環境，また国家保安部と警察による拷問と虐待について批判されています．

アルメニア
隣国のアゼルバイジャンとの国境紛争は，アルメニアにおける安全保障上の懸念に影響を与え続けています．詳しくいうと，表現の自由に対する制限が，政治的対立運動を制限しようとするときのように強化されました．ジャーナリストとメディアの地方放送局も国家官僚による脅迫と嫌がらせを報告しています．

アンゴラ
平均余命はわずか42歳です．蔓延する貧困と病気は多くの国民の生活環境を荒廃させています．さらに，政府当局は強制退去，保安部と政府関係者による組織的な人権侵害，非常に劣悪な刑務所の環境，表現の自由に対する制限，そして女性差別のために非難されています．

イエメン
武力衝突と市民による抵抗運動の勃発は国中で続いており，貧困が広がっています．拷問と虐待についての告発がしばしば行われています．基本的な市民の自由は，広範に制約されています．長い期間拘束されている政治囚の報告が数多くあります．女性と少女たちに対する差別はさまざまな形態があり，基礎教育を受けることも制限されています．鞭打ちの判決が日常的に言い渡され，訴える機会はまったく与えられずに行われています．

国のプロフィールと世界のデータ

イスラエルとパレスチナ自治区

占領下パレスチナ領の多くの人々の生活環境は痛ましい状態にあります。ガザとヨルダン川西海岸地区におけるイスラエルの政策の結果として多くの人々の命と生活が脅威にさらされています。ガザでは，推定150万人のパレスチナ人が封鎖による隔離生活を強いられています。イスラエルによるヨルダン川西岸地区を囲むいわゆる防御壁は，パレスチナ人を収監すると脅かし，国際法に違反しています。ガザとヨルダン川西岸地区のパレスチナ人は，人道援助に依存しています。何千というパレスチナ人が政府によって不当に逮捕され，長い期間拘留されています。拷問の申し立てが広がっています。暴力行為もパレスチナ人とその敵対組織ハマスとファタハのあいだで起こった運動で噴出しました。

イタリア

イタリアのロマ人のコミュニティは，多勢の移民や亡命希望者たちと同じく，多くの差別に直面します。いわゆる「テロとの戦い」に対するイタリアの対策は，テロリスト集団にかかわっている容疑のある移民を逮捕し，即時に国外退去させる新しい法制を含み，かれらが公平な法的審理を受けることを拒絶しています。警察当局に対しては，劣悪な取扱いと虐待の告発が繰り返されています。ベルルスコーニ首相による広いメディア支配は，イタリアに出版の自由が実際にあるのかという問題を浮かび上がらせました。

イラク

サダム・フセイン政権以後のイラクでは，安全の欠如が最大の人権問題の一つです。宗派間の闘争は多くのイラク人の生活を荒廃させ続けています。近隣のシリア，ヨルダンなどには，暴力と迫害から逃れた200万人を超えるイラク難民がいます。さらに，220万人のイラク人が住んでいたところから追放されています。アメリカ合衆国に率いられた多国籍軍は，任務の一環として何千人という市民を殺害しました。また多国籍軍は起訴されてもいない，裁判にかけられてもいない2万5,000人を超えるイラク人を拘留しました。死刑が行われ，女性は暴力を受け，そのほかにも差別を受け続けています。

イラン

蔓延する人権侵害のために当然のことながら非難されてきました。反対運動は，多くの人権擁護者と市民社会の機関と同様に，厳しく制限され告発されています。表現の自由には包括的な制限があります。女性の権利は広範な制限下にあり，侵害されています。宗教上の少数派は制度的に差別されており，迫害されています。性的少数派も国家によって厳しく迫害されています。イランは最近何百人という犯罪者を処刑しました。石打ちによる死刑を執行されたものもいます。拷問は広範に繰り返されています。

インド

「世界における最大の民主主義」としてしばしば言及され，急激な経済成長をとげていますが，多くの人権問題に苦しんでいます。これらの人権問題のいくつかは，経済的不平等と赤貧の中で生きる数億の人々の存在に起因します。周縁化された共同社会に対して，長く続いてきた宗教的で文化的な慣習と風習に由来する人権侵害もあります。女性に対する暴力は依然として横行しています。警察官による権力の過度な行使と蛮行は日常的です。ジャンムー・カシミール州における拷問と人権侵害に対する告発は調査されていません。治安の状況は数多くのテロ攻撃によって深刻な影響を受けてきました。イスラム教徒はいくつかの州で組織的迫害，逮捕，虐殺の対象とされてきました。

インドネシア

公安部と警察による拘留者の拷問と虐待は蔓延しており，国家当局によって無視されています。当局の標的になっている宗教集団がイスラムのテロリスト組織と連絡をとっていると告発され，政治囚が不断に増加してきました。多くの人権擁護者たちは嫌がらせと迫害を受けてきました。パプアは長いあいだ独立を求めてきましたが，状況はあいかわらず不安定です。女性に対する差別と暴力は依然として蔓延しており，性的な人身売買が横行しています。世界でも妊産婦の死亡率がもっとも高い国の一つです。性教育と出産時の医療サービスを女性が利用できないことで悪化しています。

ウガンダ

政府軍と首長の抵抗軍のあいだで起こった武力衝突によって，多くの市民が亡くなり，人権が侵害されました。平和交渉は進展していません。表現の自由は，広範囲に制限されています。北部ウガンダの収容所には，150万人以上の住居を奪われた退去者が生活しています。かれらは武力衝突を避けて避難所を求めてやってきました。女性は頻発する暴力と性的暴行の被害にあっています。性的少数派は組織的迫害にあい，同性愛はいまだ違法行為です。

ウクライナ

警察によって拘留中に拷問が行われ，虐待を受けたという告発が，しばしば行われています．頻発する家庭内暴力と性の人身売買が女性の権利を侵害しています．人種的，民族的そして宗教的少数派は，迫害と嫌がらせにあい，守られることも救済されることもありません．

ウズベキスタン

乏しい人権記録に対して強い批判を引き起こしてきました．拷問の告発は頻繁に行われています．表現の自由，結社の自由，集会の自由は厳しく奪い取られています．宗教的自由は，広範囲に制約されています．非政府組織（NGO）と市民機関は，つねに政府の監視のもとにおかれ，嫌がらせと拘束を受けています．多くの広範囲にある綿工場で働く人々の状況は，たいてい劣悪であり，ILO〔国際労働機関〕などの機関から批判され続けてきました．女性たちは頻発する暴力にさらされ，国家によってほとんど守られません．警察と官僚の腐敗は広まっています．

ウルグアイ

多くの法的，政治的改革が行われ，歓迎されてきました．しかし，1970，1980年代に行われた人権侵害の実行犯を裁判にかけることについては，ほとんど進展がありません．ウルグアイもまた，まだ刑が確定していない，あるいは判決が下されていないかなり多くの人々を収監しているために批判されてきました．

英国

深刻な人権問題は，テロリズムの脅威に対する政府の対策です．テロリストの疑いがあるが，裁判にかけられず，有罪が確定していない個人の活動の自由を制限して，いわゆる「コントロール・オーダー（制限指令）」のもとにおかれます．英国もまた，拷問の脅威に確実にさらされる国々に外国籍の人々を追放したことで批判されてきました．亡命希望者が亡命を認められない場合，その送還の前におかれる環境もまた，国際的な批判を浴びました．

エクアドル

政府は，一連の体制改革を実行してきました．そして1980年代を通じて行われた人権侵害を検証するために，真実委員会を設立しました．このような目覚ましい進展があったにもかかわらず，環境活動家たちは，アマゾン流域の開発と闘う中で，組織的な脅迫と嫌がらせに直面してきました．

エジプト

強力な権力が保安部と警察に与えられてきました．かれら保安部と警察は多くの人権侵害にかかわっており，推定1万8,000人を法的救済もなく拘禁しました．拷問が横行しています．集会および結社の自由は厳しく制限されています．多くの集団がテロリスト組織と結びついていると嫌疑をかけられ，標的とされています．政治活動家，ジャーナリスト，ブログ作者は刑務所に入れられています．女性の権利は組織的に侵害されています．女性は暴力を受け，性的暴行にあっても結局加害者はほとんど起訴されず，不十分な病気の予防処置しか受けられません．宗教上の少数派は差別に直面します．国連難民高等弁務官事務所（UNHCR: United Nations High Commissioner for Refugees）は，最大300万人にものぼる移民，難民，そして亡命希望者の多くはスーダンから来ており，エジプトで生活していると推定されています．

エストニア

深刻な人権問題は，言語上の少数派にかかわっています．かれらは人口の約30パーセントを構成しています．当局は公用語を非常に重要視していますが，非エストニア語の話者がエストニア語を修得するための十分な機会を与えていません．この結果，公共サービスを受けることを制限され，雇用主による差別が行われています．エストニアもまた，多くの受刑者が経験した非人間的な環境について，ヨーロッパ評議会に批判されてきました．

エスワティニ〔旧スワジランド〕

極度の貧困が依然として最大の人権問題です．平均余命は41歳です．人口の3分の2が極度の貧困で苦しみ，4分の1以上の人がエイズに感染しています．子どもたちの3分の1が孤児であるか，病気のために子どもの面倒をみることができない両親，あるいは介護者と生活しています．女性に対する暴力が蔓延しています．

エチオピア

いくつかの地域では早い時期に人権が保障されるだろうという楽観主義がありましたが，実際はより悪い方向に向かいました．干ばつに悩まされ，約100万人の人々が，飢餓の脅威に直面しています．政府軍と武装集団のあいだで起こった武力衝突が再び勃発しました．そしてエチオピアは国境紛争中のエリトリアとの武力衝突に関与し続けています．政治犯と宗教的信仰を理由に標的とされた人々は著しく増えています．

国のプロフィールと世界のデータ

表現の自由はさまざまな方法で制限されています．拘留施設内で拷問が行われていると報告されています．

エリトリア

人権記録は非常に乏しい状態にあります．3分の2の人々は生存のために国際的食糧援助に頼っています．政治的反対派は多くの市民社会の機関と同様に結社を禁止されています．政府によって禁止されている宗教的信仰をもつ多くの人たちが嫌がらせと拘留を受け，何千人という政治犯がいます．拷問が広く行われていることが報告されています．司法制度はほとんど存在しておらず，たいていの拘留者は法的救済策をもたず，公正な裁判を受ける見込みはありません．2001年以来，独立した報道機関や民間の報道機関はありません．

エルサルバドル

人権記録は，1980年代の野蛮で血塗られた支配以来，著しく改善してきています．それにもかかわらず，その時代に人権侵害を行った者たちの多くは，処罰されていません．付け加えると，テロリズム行為に反対する2006年の特別法は標的とされた人たちの市民的自由に影響を与えていると批判されてきました．

オーストラリア

多くの市民が，世界でもっとも恵まれた公的サービスを享受しています．平均余命は81歳であり，地球上でもっとも発展した国の一つと考えられています．それにもかかわらず，原住民に対して長く続く差別について一貫して非難されています．また，難民と亡命希望者の処遇についても強い批判を受けています．

オーストリア

ヨーロッパ連合（EU）の加盟国であり，ヨーロッパ人権協約の署名国ですが，避難民と亡命希望者の処遇について，依然として批判されています．警察による拘留中の虐待に対して懸念が高まっています．

オランダ

いくつかの地方当局は反差別と反人種主義政策を適切に実施しないために批判されてきました．国連は，差別に反対する移民女性の権利を十分に保護していないという理由で批判してきました．

カザフスタン

豊かなガスと原油の埋蔵量によって旧ソビエト連邦の中でもっとも豊かな国の一つです．現大統領とその政党は，大統領選挙と議会選挙においてつねに多くの票を確保しています．これらの選挙は国際選挙監視チームによって繰り返し批判され続けています．中国，ロシア，ウズベキスタンからの難民は差別と虐待に直面します．国際法に違反したために強制送還された人もいます．表現の自由はさまざまな制限下にあります．多くのジャーナリストが迫害と嫌がらせを報告しています．

カタール

原油量の豊富なこのアラブ国家は，人権改革を続けるということを保証したうえで，国連人権委員会に選ばれました．それにもかかわらず，移民労働者は差別され，酷使されています．何人かの有罪を宣告された犯罪者たちは，依然として鞭打ちの刑を受けており，多くの政治囚が拘留されたままです．国家当局は女性に対して蔓延した暴力行為に対処していないことで批判されています．

ガーナ

アフリカにおいてよい人権記録をもつ国の一つであり，実効性のある国家人権委員会と前政権の被害者を補償する国家和解委員会を設立しました．これらの積極的な発展にもかかわらず，女性に対する暴力や女性性器切除は依然として広く行われています．

カナダ

平均余命は80歳で，世界でもっとも高い国の一つです．原住民に対する差別で，ずっと批判されています．原住民は，かれらの土地，習慣，文化に対する持続的な脅威にさらされています．

ガボン

原油産出国であるアフリカのこの国が1964年にフランスから独立を達成して以来，大統領は2人しかいません．大統領選挙が不正に操作されたという主張ののち，2008年にはフランスに対する抵抗運動が発生しましたが，政治的には安定し続けました．貧困層と富裕層のあいだには大きな格差があります．ガボンのテレビ局，ラジオ，新聞は国家の管理下にあります．

カメルーン

平均余命は50歳です．ジャーナリストたちへの脅迫，表現の自由の制限のために批判されてきました．性的マイノリティは国家の差別に直面し，多くの人々が同性愛行為のために拘留されています．刑務所は劣悪であり，拘留中に殺害された収監者が報告されています．

韓国

2008年2月に行われた大統領選挙は，前政府によって導入されたさまざまな改革の失敗につながりました．表現の自由の制限は厳しくなりました．1948年

の国家安全法を継続することは，駐留米軍が存在することを詳細に公表するジャーナリストたちに対して国家反逆罪を課しました．民衆の抗議運動は，警察の暴力的な対応にあいました．同様に多くの労働争議にも，国家当局が強制的に介入しています．移民労働者は差別にあい十分な雇用保障を受けることができません．

ガンビア
政治的反対派を黙らせ抑圧する手段として，政府による不当逮捕が行われていることは重大な懸念事項です．前政府の構成員および政治的反対派に対して反逆罪の適用も行われてきました．告発された人々は公平な裁判を期待できません．表現の自由に対してはかなりの制限があり，多くのジャーナリストたちは脅迫され，嫌がらせをされてきました．反政府的な刊行物のために，暴動教唆で告発された人もいます．

カンボジア
土地の請求と強制立退きはこの国の人権問題の重要な課題です．土地争いと土地の横領が続き，推定15万人の人々が家を失う危機にさらされています．難民と亡命希望者は差別に直面し，さまざまな人権機関が嫌がらせにあい閉鎖されています．

北朝鮮
世界でもっとも劣悪な人権記録をもつ国の一つです．政府に対して異議を唱えることはほぼ不可能であり，表現，言論，集会，結社の自由に対して広い制限があります．政府による不当逮捕が横行しており，政府に反対している容疑者の収監は日常的に行われています．北朝鮮を離れようとして中国によって強制送還された何百人もが忽然と「消息を絶って」います．国内メディアと国際メディアは広範囲に及ぶ禁止と管理下にあります．死刑は広く行われています．重度栄養失調に苦しむ農村の人々についての報告があります．

ギニア
経済的危機と政治的不安定のあいだで，抵抗者は警察による激しい暴力にあい，数百人が亡くなりました．政府による不当逮捕と拘留中の拷問はしばしば報告されてきました．表現の自由は広範に制限されており，多くのジャーナリストたちが政府によって不当に逮捕されてきました．政府の腐敗を報じた新聞の編集者と経営者に有罪判決が言い渡されました．

ギニアビザウ
住民の多くはアフリカでもっとも経済的に劣悪な状況にさらされています．平均余命は46歳です．表現の自由は厳しく組織的に制限されてきました．多くのジャーナリストたちが収監されてきました．子どもたちの人身売買は深刻で，当局によって大きな取組みはなされていません．

キプロス
深刻な人権問題は移民，亡命希望者たちに対する嫌がらせと劣悪な処遇と関係しています．弁護士との接見がなく，長期間行政拘留されている人々がいます．拘留中に警察官によって殴打されたことを報告する人もいます．

キューバ
この国は経済的窮状にもかかわらず，国民はすぐれた福祉と保健医療を享受しており，このことは平均余命が77.7歳であることに反映されています．しかしながら，市民権と政治権に対する記録は，模範的なものとはかけ離れています．移動の自由，結社・集会の自由に対する制限が続いています．刑務所には推定62人の政治犯がいます．多くのジャーナリストたちが脅迫と嫌がらせに直面してきました．

ギリシャ
亡命希望者と難民の処遇は繰り返し批判されてきました．かれらの多くは申請書を拒絶される前に，劣悪な状況で長いあいだ拘留されます．ロマ人は差別と迫害に直面し続けています．女性の人身売買は減少することなく続いています．

キルギス
旧ソビエト連邦のこの国の人権状況は，近年悪化してきました．政治的不安定と争いのある選挙によって市民的自由と反対集団がさらに制限されました．拷問が広く行われていることが報告されています．ウズベキスタンからの多くの難民は，強制送還されています．ジャーナリストたちは，迫害され，2008年10月には一人が殺害されました．

グアテマラ
多くの犯罪と暴力を経験してきた人々にとって，安全の保障は依然として最大の懸念事項です．人権侵害と前政権の大量殺戮に関与した人たちが無罪放免になっていることも，その懸念の一つです．人権の擁護者は迫害と肉体的攻撃にあいます．女性は頻繁に暴力に直面し，国家からほとんど守られていません．

クウェート
多くの移民労働者は，厳しい差別と虐待に直面します．多くの女性は家政労働者として雇われ，組織的で身体的な虐待と劣悪な待遇を証言する多くの報告があ

国のプロフィールと世界のデータ

ります．表現の自由について，あいかわらずさまざま独立したメディアを標的にする問題を抱えています．

クロアチア

ヨーロッパ連合（EU）加盟を求めていますが，1990年代のバルカン戦争中の戦争犯罪の責任を問われた多くのクロアチア人を裁判にかけないために批判されています．またロマ人とセルビア人を含む少数民族に対する警察の差別的な扱いも批判されています．

ケニア

かつては植民地後のアフリカの成功事例の一つと考えられましたが，深刻な武力衝突と政治不安によって荒廃してしまいました．2007年の論争の中で行われた選挙の結果を不服とした組織的な暴力が発生しました．その結果，何百人もの人々が殺害され，多くの人々が傷つけられ，何千人という人々がそのコミュニティと村から追い出されました．10万人を超えるケニア人が住地から追放されました．警察当局による人権侵害は，調査されていません．ケニアが2008年にソマリアとの国境を封鎖したのちに多くのソマリア難民が，強制送還されました．女性と少女に対する暴力が蔓延しています．表現の自由はさまざまな形の制限のもとにあります．

コートジボワール

平均余命は47歳です．国連平和維持軍は政府軍と民兵軍のあいだの平和を維持するために配備されています．政府軍と民兵軍の両方から，人権侵害の申し立てがなされています．女性に対する暴力が横行し，国連平和維持軍による性的虐待という申し立てまで広がっています．

コロンビア

政府と民兵組織の40年間にわたる衝突が続いています．この衝突は，捕えられた人の人権に非常に影響を及ぼしました．人々の多くは国内追放され，住居を変えさせられました．さらに，貧困に苦しみ，基本的な経済権と社会権の確立が妨げられています．コロンビアもまた労働組合への加入と活動に制限を加えていることを批判されてきました．

コンゴ共和国

長引く内戦と武力衝突の時代を経て国として登場しました．鉱物資源，とくにダイヤモンドが豊富です．しかし，その多くは密輸と買収を通じて失われています．原住ピグミー人に対する差別，政府による不当逮捕と非常に劣悪な刑務所の状況を批判されています．

コンゴ民主共和国

平均余命は46歳でしかありません．その原因は，深刻な貧困と長く続く武力衝突と内乱の結果です．また非合法な殺人，政府による不当逮捕と拷問，公安部によって侵害されたすべての人々のために強い批判を受けてきました．衝突で捕えられた多くの子ども兵士，140万人の国内追放者，そして隣国で難民として生きる32万人の人々がいます．

サウジアラビア

人権記録は非常に乏しいです．女性は多くの基本的自由を拒絶されており，女性に対する差別は根強く残っています．拷問と虐待を訴える拘束者の数と同じくらい不当逮捕が多く，テロリストだと疑われた多くの人々が公平な裁判や法的救済の見通しもなく，無期限に拘留されます．表現および集会の自由は厳しく制限されています．有罪を宣告された多くの犯罪者は，鞭打ちや手足の切断のような，残忍で侮辱的な方法で罰せられます．宗教の自由は厳しく制限され，宗教的少数派には法的保護がありません．

ザンビア

平均余命は41歳です．貧困の蔓延と公共インフラの整備の遅れの影響に加えて，表現，集会，結社の自由が広範に制限されています．女性と少女は，差別と暴力にさらされています．

シエラレオネ

数十年にわたる武力衝突は終わりを迎えたようにみえます．そして真実和解委員会の設置という進歩がありました．それにもかかわらず，問題は依然として人口の減少であり，医療を受けられないことです．平均余命は42歳と世界でもっとも低い国の一つです．女性の権利は傷つけられ，国は少女たちの女性性器切除を行う割合が非常に高いにもかかわらず，それを減らすための対策をとっていません．

ジブチ

アデン湾に位置し，かなり多くのフランスと米国軍の駐屯部隊が存在しています．ジブチの重要な収入源は海外援助です．貧困が広がっています．政治的状況はかなり安定していますが，表現と結社の自由に対しては広範な制限が課されています．

ジャマイカ

人権問題に関する一番の懸念は，殺人と凶悪犯罪の発生率が非常に高いという治安の悪さです．警察による暴力行為に対しての告発が増加しています．女性や同性愛者の男性に対して差別が存在しています．

ジョージア〔旧グルジア〕

独立以来深刻な政治的混乱を経験してきました．さまざまな制度的改革を行いましたが，現政権は世論の批判と街頭の抗議行動の対象となっています．抗議行動の中には，抗議者と警察のあいだで暴力沙汰になることもあります．政治的反対派を拘束し，その受刑者がおかれる環境について批判されてきました．財政上の補償もなく，国家当局によって財産を徴発された人もいました．現在のロシアとの紛争は，南オセチアとアブハジアで2008年8月に起こり，短い期間ですが，非常に破壊的な戦争になりました．

シリア

1963年以来非常事態が続き，人権に対する最大の脅威をみせつけました．何百人という政治犯がおり，多くの人々が政府によって不当に逮捕され，拘留されます．基本的な市民的自由に厳しい制限が課されてきました．拷問の告発がしばしばなされています．クルドの少数民族の人々は，組織的差別と迫害にあいます．女性は迫害にあい，基本的権利を奪われています．

シンガポール

国家安全法制は，裁判や弁護士との接見なしでテロ活動に関与した数多くの容疑者を収監するのが当たり前でした．表現および集会の自由は制限されており，いくつかの組織は国家に対する「名誉棄損」のために閉鎖されてきました．

ジンバブエ

平均余命は，41歳まで下がりました．2009年に連立政府が設立されましたが，対立する党派の党員は暴行と拉致にさらされ続けています．数多くの法に基づかない処刑が報告されています．拷問の告発も広く行われています．表現，集会，結社の自由に対する厳しい制限がいまだにあります．人道的援助を受けることは反政府派の疑いがある人々を排除しているために制限されています．

スイス

国内の一部で人種差別主義が増大し，外国人排斥が広がることに対して適切な対策を講じていないと国連に批判されてきました．

スウェーデン

多くの人々が真のユートピアだと考えていますが，エリトリアの亡命希望者を受け入れないことで国連に批判されてきました．

スーダン

世界でもっとも悲惨な人権記録をもつ国の一つです．それは，政府の支援を受けたアラブ系の民兵組織がダルフールの人々を一斉に攻撃し，虐殺したことから始まりました．女性と子どもたちに対する暴力が蔓延しています．拷問と虐待について数えきれないほどの報告があります．表現，集会，結社の自由および宗教の自由に厳しい制限がかけられてきました．政府による不当逮捕が横行し，公平な裁判を受けられないことに対して懸念が高まっています．

スペイン

イスラム原理主義者とバスク人による残虐なテロ行為に対する警察と保安部の対応は，強い批判を招いてきました．拷問と政府による不当逮捕についての告発がされてきました．亡命希望者や移民は国際的に非難されている環境におかれ，主要州から離れた拘留所に入れられています．

スリランカ

「タミルの虎」と政府軍の衝突は，2009年に終わりましたが，人権侵害は蔓延していました．何千という市民が命を失い，あるいは重傷を負いました．そして，何百人もの拉致と拷問の報告がありました．何百人もの子ども兵士が戦闘に巻き込まれました．市民社会には厳しい制限があります．スリランカが真に新しい段階に進んだのかどうかを評価するにはまだ早すぎます．

スロバキア

深刻な人権問題はロマ人の人々に対する差別と迫害がはびこっていることです．ほかの少数派集団もまた暴力的攻撃を受けていますが，警察から適切な保護を受けていません．

スロベニア

2万人のいわゆる「消された人々」は，深刻な社会問題となっています．「消された人々」の多くは，旧ユーゴスラビアを構成していたほかの共和国で生まれました．スロベニアにおけるかれらの永住権は1991年の独立に伴い抹消されました．それにより，かれらが社会的，経済的恩恵と法的保護を享受することに，強い影響を与えてきました．さらに，ロマ人は差別と迫害にあっています．

赤道ギニア

政府は表現の自由に対する制限と政治活動家を拘留したために，批判されてきました．拷問もまた，警察に拘留された人たちによって報告されてきました．人口は約50万人を超えました．平均余命は50歳です．

国のプロフィールと世界のデータ

セネガル
長く続いた内戦が終わり，それを乗り越えようとしているところです．反政府主義者，人権支援者，ジャーナリストは，計画的な迫害と暴力の脅威にさらされます．拷問は数多くの留置所で記録されてきました．

セルビア
セルビアから独立したコソボの現状と将来はこの国の中心的な問題です．さまざまの少数派コミュニティに対する差別は，国際的非難を集めています．政府は，ボスニア戦争中に，残虐行為と戦争犯罪に関与した者たちを裁判にかけることに対して明らかに消極的であるとして繰り返し批判されてきました．国連もまたセルビアが国内で頻繁に起こる暴動に対して対策を立てていないことを批判してきました．女性の人身売買は深刻な社会問題です．

ソマリア
悲惨な人道状況におかれています．1992年以来中央政府が存在せず，そのため暴力行為が蔓延し，政局は不安定であり，何千人という人々の生命が奪われました．さらに何千人という人々がさまざまな民兵組織によって定期的に拘留されてきました．法による規制がなく，公共施設は荒廃し，人々は基本サービスを享受することができません．100万人以上の国内避難民がおり，その多くは最悪の状況で生活しています．女性の権利は存在しないに等しい状況にあります．

タイ
長い期間続いた政治的不安定と断続的に発令された戒厳令に苦しめられてきました．政府による不当逮捕が横行し，表現，結社，集会の自由には厳しい制限があります．近隣諸国からの多くの難民は，強制送還されていました．売春ツアーのため，多くの女性と少女，少年が売春させられており，危険で，卑劣で，搾取的な状況におかれています．

台湾
集会の自由と政治的デモ行動を制限する法律のために批判されてきました．

タジキスタン
66歳というかなり高い平均余命にもかかわらず，価値ある輸出品がなく，国土のほとんどが山岳地域である影響を受けています．天候不順の影響で，2008～2009年冬には，広範な食糧不足に陥りました．そして宗教の自由は，イスラム過激派であるとみなされたコミュニティを攻撃することによって制限されました．多くの男性は，移民労働者として国を離れ，ロシアやカザフスタンなどの国で厳しい差別と人権侵害を受けます．女性に対する暴力は蔓延し，ほとんどが国家権力に無視されます．

タンザニア
平均余命は51歳です．貧困の影響にくわえて，女性の権利は頻発する家庭内暴力と女性性器切除によって侵害されています．近隣のアフリカ諸国からの難民と移民は強制送還されてきました．2007年に通過した法律は，メディアに不適切な制限をかけたとして批判されてきました．

チェコ
少数民族，とくにロマ人に対する差別が深刻な人権問題の一つです．ロマ人の女性の中には強制的に不妊手術を受けさせられることさえありました．

チャド
長期間の内戦と武装衝突の影響は，人権問題に関する一番の懸念です．2008年9月，国連安全委員会は死亡者数を食い止める試みとして，東部チャドに平和維持軍を配備することを決定しました．子どもたちは，誘拐と人身売買の対象にされています．あるいはさまざまな民兵組織で子ども兵士として配備されています．性的暴力が蔓延し，ジャーナリストたちは脅迫と制限に直面しています．また，ダルフールと中央アフリカ共和国からの約40万の難民が住んでいます．

中央アフリカ共和国
世界でもっとも貧しい国の一つであり，平均余命は44歳です．貧困の影響にくわえ，人権問題に関する一番の懸念は治安の悪さです．蔓延する暴力，家屋の破壊，武装ギャングとともに政府軍による性的暴行がはびこっています．2008年には，何万人という人がこの国を逃げ出し，近隣諸国で難民となりました．

中国
世界最大の人口を抱えるこの国の人権記録は，長い間多くの批判を受けてきました．主要な問題点は民主主義的な権利の欠如，政府による不当な拘留，死刑を広く行っていること，宗教上の少数派を差別していること，検閲，表現と言論の自由の制限，拷問の行使，女性に対する差別，チベットの自治権を拒絶し続けていることです．

チュニジア
拷問と虐待の告発が広がっています．表現の自由，結社の自由，集会の自由などの基本的な市民的自由は厳しく制限されています．テロ行為と関連したと告発を受けた人々の多くの訴追が，不公平な裁判によるも

のだとして国際的に非難されてきました．宗教の自由もまた制限され，ヒジャブを着たために嫌がらせを受けたイスラム教徒の女性の事例が数多く報告されています．

チリ

人権記録は1990年にピノチェト政権の支配が終わってから改善しましたが，原住民に対する差別のために批判されています．

デンマーク

ヨーロッパ評議会は，多くの亡命希望者たちを聴取する以前に，長期間劣悪な状態で拘留していることを批判しています．最近8年間のうち少なくとも7年間デンマークで生活を送っていなかった人は，十分な社会福祉を受けられないことについても疑問が出されています．

ドイツ

ドイツ特殊部隊と保安部隊が，アメリカ合衆国によって組織された，いわゆる「特殊演習」の一環としてアフガニスタンから容疑者を不法に移送することにかかわったという批判がありました．幾人かのシリア系およびレバノン系ドイツ国民の移送疑惑についてのドイツ政府の役割に対する告発もまた議会の調査の対象になっています．

トーゴ

人権を尊重するための実効的な制度の確立に向けて前進してきました．自由で公平であると判断された選挙が2007年に行われ，かつて人権侵害に関与した人々を裁判にかけるための運動が起こっています．それにもかかわらず，表現の自由に対する制限はまだ効力があり，現政府に批判的な独立した放送を禁止しています．

ドミニカ共和国

カリブ海旅行者の目的地ですが，ハイチ人に対する差別のために批判されています．女性に対する暴力が蔓延しており，当局はそれに対してほとんど，あるいはまったく対応していません．国内外の人身売買は重要な商業であり続けています．ジャーナリストたちといくつかのメディアの機関も脅迫と嫌がらせに直面してきました．

トリニダード・トバゴ

警察による人権侵害が深刻な人権問題です．拘留中の拷問と虐待の告発は日常的であり，死亡者もいます．

トルクメニスタン

この国は初代大統領であるニヤゾフの独裁政権から始まりました．彼は2006年に亡くなりました．政治的および法的制度のさまざまな改革を確立する提案にもかかわらず，人権侵害が続き，とくに反政府主義者への制限と迫害が続いています．表現の自由と集会の自由は厳しく制限されています．囚人が無期限に拘留されているという数多くの報告があります．良心的兵役拒否者もまた，迫害され，投獄されます．

トルコ

人権記録のいくつかの面で，国内外から批判を受けています．表現の自由は，国のケマル主義（近代トルコの建設者（オスマントルコ帝国崩壊後）ケマル・アタチェルクがとったイスラム教に基づかない，現実的な世俗主義）に基づいて制限されています．女性たちは暴力の犠牲になっています．そして地方から都会までも「名誉殺人」の多くの報告があります．クルド人地域では，政府軍とクルド人の衝突が続いています．その結果市民は命を失い，生活と家庭を失いました．拷問の告発がしばしばなされています．良心的兵役拒否者の強制徴兵は違法であると決定した2006年の欧州人権裁判所の判決を無視し続けています．

ナイジェリア

原油によるかなりの収入があるにもかかわらず，平均余命は47歳です．定期選挙が行われますが，毎回暴力行為を伴います．原油量の豊かなニジェール川の三角州周辺のコミュニティは迫害され，虐待を受けます．不法な殺人と拷問がしばしば報告されます．ジャーナリストたちは，広範囲の制限と迫害に直面します．女性に対する暴力は蔓延しています．同性愛者には迫害と起訴が待ち受けています．

ナミビア

元大統領のサム・ヌジョマは，人道に反したという犯罪で国際刑事裁判所において起訴されました．新大統領はいくつかの改革を遂行しようとしてきました．それにもかかわらず，拷問が行われているという告発，女性と少女への蔓延する暴力が，表現の自由を広範に制限するという形で人権侵害は，続いています．

ニカラグア

主要な人権問題は女性の権利です．妊娠中絶は2006年の法制の通過後あらゆる状況で禁止されます．これは国内外から強い批判を受けました．

ニジェール

政府軍とトゥアレグ集団の武力衝突は依然として，人権に対する一番の懸念です．衝突は結果として多くの市民を死亡させ，不法な殺人の数多くの報告があり

国のプロフィールと世界のデータ

ます．不当拘留がしばしば報告され，拷問について告発され続けています．表現の自由は広く制限されています．

日本
テロ活動にかかわっていると国家当局にみなされた外国人の退去についての法的障壁を取り除く法律が通過しました．戦争犯罪と残虐行為の犠牲者への補償を拒否し続けています．

ネパール
2008年に民主主義になって以来，さまざまな改革が提案されてきました．前政府のもとで行われた人権侵害の追求はほとんど前進していません．警察の蛮行に対する告発が続いています．何千人という，国内避難民がいますし，10万人以上のブータンからの難民がいます．ジャーナリストたちは迫害にあい，嫌がらせを受けています．女性と少女は差別され，暴力にさらされます．

バーレーン
人権記録は，多くの面で批判されています．表現の自由に対する制限，対テロ対策の指導下で保安部隊員と警察官による人権侵害，権力による不当逮捕と拘留，死刑の維持があります．

ハイチ
数十年にわたる政治的混乱と内乱の後に，2004年以来の国連の介入は治安の改善とある程度の政治的安定を確立を保証してきました．それにもかかわらず，多くの人権侵害を受け続けています．女性と少女に対する暴力は依然として蔓延しています．表現の自由は制限されています．政府は過去の人権侵害を十分調査してきませんでした．子どもたちが教育を受けることができるかどうかは，貧困によって著しく左右され，推定50万人の子どもたちが学校に通っていません．

パキスタン
治安の悪化が多くの人々の生活を荒廃させています．政府による不当な逮捕と拘留が横行しています．法律上の制度には，多くの公平な裁判が拒絶される部族委員会が含まれています．いわゆる「名誉殺人」は，これらの委員会によって正当化されてきました．女性と少女に対する暴力は，強制結婚のように広く行われます．行政官（部門）は司法部と対立しており，多くの裁判官が行方不明になっています．武装集団による人質と殺人はいくつかの地域では日常化しています．表現の自由は広範に制限されています．「テロとの戦い」への介入は，結果として何百人という行方不明者を生み出しました．宗教的少数派は制度的に差別を受けています．

バハマ
二つの深刻な人権記録のために批判されています．ひとつは世界の中でもっとも高い性的暴行の発生率，もうひとつは政府が死刑の存続を強く支持していることです．

パプアニューギニア
市民社会はますます手に負えなくなり，衝突の可能性が高まっています．個人の安全は人権問題の鍵であり，暴力犯罪が多く，密輸された小型の武器が制御できないほど拡散しています．女性に対する暴力は横行し，大部分は当局に無視されます．

パラグアイ
原住民は貧困の影響を一番に受けており，差別されています．農民もまた自分の土地から強制的に退去させられ，警察によって虐待されていることを告発してきました．

パレスチナ自治区
イスラエルとパレスチナ自治区を参照．

ハンガリー
ハンガリーにおける人権問題は，ロマ人が差別と迫害を受けていることです．二つの国連報告はロマ族を適切に保護していないとしてハンガリーを批判してきました．また，亡命希望者と国民以外の人々を拘留することで批判されています．

バングラデシュ
非常事態宣言が2007年に広範な政治的暴力に対して発令されました．そして，集会，言論，結社の自由の制限につながりました．さらに，警備隊と警察による拷問と虐待の告発は広がっています．人権に対する懸念は，政府による不当逮捕と拘留です．報告では，2008年に44万人が政府によって不当に拘留されています．女性に対する暴力は広がり続けています．2008年には90人以上の有罪判決を受けた人々の死刑を執行しました．

東ティモール
世界でもっとも新しい国の一つであり，2007年に最初の国会議員選挙が行われました．最近の人権侵害で告発された人々を裁判にかけようとされています．市民の不安が高いレベルで続いており，このことが国内避難民を増やし続けている原因です．

フィジー
2006年12月の軍事クーデターにより非常事態宣

言が発令され，2007年5月に解除されましたが，その後，人権侵害は増加し続けました．表現と集会の自由は厳しく制限されてきました．軍事政権に対する批判者たちは解職され，脅迫されました．裁判官も標的にされました．また不当な逮捕と拘留の報告もあります．拘留された人の何人かは虐待と拷問を告発しました．

フィリピン

反テロ法は，市民の自由に広範にわたって影響を及ぼすために，国内外からの強い批判にあいました．人権支援者や政治活動家たちは過去に殺害され，行方不明になっており，多くは政府による不当逮捕と虐待にあっています．政府と分離主義的イスラム集団の武力衝突の可能性が続いています．

フィンランド

亡命希望者と難民に対する不当な扱いのために批判されてきました．徴兵に応じない良心的兵役拒否者は収監されます．家庭内暴力は蔓延しており，国連社会的，経済的委員会からの勧告にもかかわらず，フィンランド政府はその対策として国家計画をいまだに策定していません．

ブラジル

平均余命は72歳であり，国内所得がかなり高いにもかかわらず，何百万という人々が深刻な貧困の影響を受けています．都会の周縁部にある多くの共同体に対する警察の捜査活動は，何千人もの死者を出しました．強制労働と搾取労働の条件は多くの人々に影響を与え続けています．原住民は制度的な放置（ネグレクト）を受け続けています．

フランス

移民，亡命希望者，難民の処遇について批判され続けています．警察による虐待に対する告発が繰り返し行われています．公共の建物で宗教的な衣装や標章を示すことを禁止し，多くの方面から，とりわけフランスのイスラム社会から批判を浴びています．

ブルガリア

ヨーロッパ連合（EU）の最近の加盟国の一つですが，ロマ人と少数派のマケドニア民族に対する扱いについて批判されてきました．多くの亡命希望者と難民は劣悪な状況で長期間拘留されています．

ブルンジ

平均余命は49歳です．収監における非常に劣悪な状態，横行する政府による不当逮捕と拘留，拷問の告発，表現の自由に対する制限，蔓延する性暴力について非難されています．

ベトナム

表現の自由と結社の自由は，厳しい管理下におかれています．死刑の判決が下され，毎年かなり多くの人々を処刑しています．政府軍と少数派のシーア派イスラム教徒の武力衝突は断続的に起こり，市民の命が失われ人権侵害の告発がなされています．ほかの少数民族は差別と迫害に直面し，近隣のカンボジアに避難したこともありました．

ベナン

平均余命は55歳です．警察官による過度の暴力と劣悪な刑務所の状態について批判されています．

ベネズエラ

政治的デモ行進を警察が暴力的な手段を使って阻止していることを，強く批判されてきました．ウゴ・チャベス大統領の権力は国内においてずっと多くの論争と議論の的でした．そして，彼の権力を拡大する提案は，2007年の国民投票において拒絶されました．虐待と政府による不当逮捕のために，警察に対する不満は，着実に増大してきました．

ベラルーシ

2008年12月に，ベラルーシは人権記録を非難する国連決議の対象となりました．反対派の集団は，不断の嫌がらせと収監に直面しています．集会と表現の自由には制限があり，さまざまな宗教集団が政府主導の差別に直面し続けています．そして女性は差別を受け，家庭内暴力と人身売買が続いています．

ペルー

数十年にわたる武力衝突が生じています．大きな前進としてかつての人権侵害の加害者の裁判がありました．鉱業は環境保護主義者と原住民の反対にあいます．かれらはその反対運動に対する報復として迫害され，虐待されていることを告発しています．

ベルギー

移民，難民，亡命希望者の処遇について批判され続けてきました．

ポーランド

当局は一貫して，「テロとの戦い」においてアメリカ合衆国当局によって組織された特例引き渡しのプロセスに組み込まれることを拒否しました．また性的少数派の権利を守るためにとられた対策が不適切であるために批判されてきました．議会もまた，ジェンダーの平等についての法を拒絶したために国連に批判されました．

国のプロフィールと世界のデータ

ボスニア・ヘルツェゴビナ
1990年代のバルカン戦争の影響を克服しようと努力してきました．国際刑事裁判所は，旧ユーゴスラビアに対して戦争犯罪と人道に対する犯罪で告発された多くの人々を裁判にかけようとしてきました．それはある程度成功してきました．警察と刑務所の拘留者たちによる虐待と暴行の告発が存在してきました．いくつかの少数民族は差別に直面し続け，戦争によってこの国を離れた難民の帰国は進んでいません．

ボリビア
ボリビアは，南アメリカの中でも原住民の割合がもっとも高く，2006年にはじめて原住民の大統領が選ばれました．モラレス大統領は，ボリビアを分割し，体制上の変革のプログラムを実行しましたが，抵抗と暴動を伴ったものでした．また，表現の自由に対する制限とジャーナリストたちに対する攻撃のために批判されてきました．

ポルトガル
警察は，多くの虐待事件によって非難されてきました．これらの多くは調査されていません．

ホンジュラス
警察は拘留者に対する暴行と虐待のために批判されてきました．多くの人権擁護者たちは暴力的な脅迫にさらされてきました．なかには殺害された人さえいます．女性に対する暴力は蔓延し，国家によってそのような事実があることは多くの場合，認められていません．

マケドニア
ロマ人に対する処遇について，国連に批判されてきました．ロマ人は差別と迫害を経験しています．また政府軍とアルバニア人との武力衝突も起こりました．女性に対する暴力は蔓延しています．子どもたちの人身売買は国家によって大部分が見逃されています．拷問と虐待の告発があります．

マラウイ
エイズ（HIV/AIDS）の蔓延は最大の課題であり，平均余命は46歳でしかありません．100万人の子どもたちがエイズによって孤児になってきたと推定されます．人々の経済的，社会的権利もまた，貧困と低い資本投下の過酷な影響を受けています．

マリ
政治的安定は，政府軍と北部の民兵軍とのあいだで起こった衝突によって崩れ去りました．表現の自由は縮小され続け，政府に批判的な新聞の編集者たちは迫害されてきました．

マルタ
亡命希望者と難民を日常的に拘留しており，国際法に違反しているとして欧州評議会に批判されています．

マレーシア
国内治安法は結果として，政府による不当逮捕を増大させ，報道機関，ジャーナリスト，反政府主義者への国家による検閲の拡大につながりました．拘留中に多くの人々が亡くなりました．さまざまな宗教集団に課された制限は，インド系マレーシア人に対する差別とともに非難されてきました．移民労働者，亡命希望者，難民は大量逮捕に服してきました．

南アフリカ共和国
人種隔離政策（アパルトヘイト）の廃止という歴史的な偉業を成し遂げたにもかかわらず，多くの深刻な人権問題に苦しみ続けています．貧困の影響は51歳という平均余命によって明らかです．暴力犯罪と殺人が横行し，人々の生活を荒廃させています．政府による対策が不十分であるためエイズ（HIV/AIDS）感染者のおよそ半分が抗エイズウイルス薬を入手できない状況にあります．刑務所の環境は非常に劣悪であり，拘留者が拷問されているという多くの報告があります．

ミャンマー〔ビルマ〕
軍事独裁政権は，少なすぎる人権記録について国際的な圧力と批判を受けてきました．政府に対するすべての異議と反論は表現と結社の自由に対する厳しい制限によって規制されていますが，それが結果として野党の弾圧につながっています．少数民族の迫害と殺害は相変わらず横行しています．強制労働が組織的に広く行われています．政府による不当逮捕は多く，1,000人を超える政治犯，膨大な数の行方不明者がいます．刑務所の状態は劣悪です．拷問の報告はしばしばなされ多くの拘留中の死亡が報告されています．

メキシコ
多くの人権問題に悩まされています．警察による拘留者に対する組織的暴力と虐待，政府による不当逮捕，不公平な裁判，そして殺人と凶悪犯罪が横行しているいくつかの州の治安の悪化です．表現の自由の制限，ジャーナリストに対する嫌がらせ，人権擁護者たちの迫害と殺害，原住民の迫害，女性に対する暴力が蔓延しています．

モザンビーク

平均余命は43歳です．貧困は多くの人の生活を損ない，荒廃させます．そのほかにも，不当逮捕，反政府当事者の拘留があります．自然災害がしばしば起こり，多くの人々が土地を失っています．

モーリタニア

イスラム共和制における選挙は，2006年12月に行われ，軍事支配の時代を終わらせました．人権委員会が設置され，いくつかの進展がありました．二つの主要な人権問題は，政治犯の拘留と拷問の告発です．

モルドバ

多くの法律上の改革を確立しているにもかかわらず，人権侵害が続いています．拷問の告発が拘留者によってしばしば行われています．女性は暴力と虐待の脅威にさらされています．男性と女性，子どもたちは国外に売買されています．表現および出版の自由に対する制限が存在しています．

モロッコ

民主的選挙を行わない専制政治です．表現，集会，結社の自由は厳しく制限されています．専制政治の批判は禁止され，重い収監の判決を受けます．出版の自由は広い範囲で制限されています．移民は日常的に逮捕され，追放されます．女性に対する暴力は横行し，男性は同性愛行為のために収監されてきました．

モンゴル

ソビエト連邦崩壊後，議会制民主主義と法の支配の確立において，大きな前進がありました．しかしながら，拷問がしばしば告発されています．首都にはかなりの人数のストリートチルドレンがおり，ほかの地域では極端な貧困があります．女性と子どもの人身売買の多くは，国家当局によって無視されています．

モンテネグロ

1990年代のバルカン戦争における戦争犯罪の容疑者を裁判にかけないために批判されてきました．拷問の告発は続いていますが，めったに調査されません．ロマ人は差別に直面しています．女性の人身売買に対して，国家は対策を行っていません．

ヨルダン

多くの人々が反テロ法のもと，逮捕され，拘留されていました．特別保安法廷は事実上公平な裁判を拒否しています．拘留された人々の中には拷問を受けたと告発する人がいます．女性に対する暴力は依然として横行しています．いわゆる「名誉殺人」の多くの事例が報告されています．表現の自由は，集会および結社の自由と同様，制限されてきました．移民労働者は，差別と雇用の保護の欠如に直面します．ヨルダンには約190万人のパレスチナ難民と50万人のイラクからの難民が住んでいます．

ラオス

少数民族は厳しい迫害に直面します．ジャングルで避難所を探すように強制される人もいます．表現と集会の自由は，厳しい管理と制限のもとにおかれてきました．WHO（世界保健機関）の報告書は，農村の子ども人口の半分以上が栄養失調であることを指摘しています．

ラトビア

最大の人権問題は，ラトビアで生活する40万人の無国籍の人々の市民権が認められていないことです．これらの大半は，旧ソビエト連邦の住民であり，独立後ラトビアにとどまった人々です．言語上の少数派は，さまざまな性的少数派と同様に差別に直面しています．

リトアニア

レズビアン，ゲイ，バイセクシャルそしてトランスジェンダー（LGBT）の人々の権利はさまざまな集会やデモを禁止されることによって日常的に奪われてきました．

リビア

人権記録は強い批判を受けました．表現の自由は厳しく制限されています．リビアには真に独立したNGOはまったく存在しません．人権の擁護者たち，また異論をもつ人たちは訴追を受け，迫害に直面します．難民，亡命希望者そして移民は，差別に直面します．女性は差別と不平等にあっています．

リベリア

平均余命は45歳であり，世界でもっとも低い国の一つです．人権状況はチャールズ・テーラー政権時代の最悪な状況から改善してきました．チャールズ・テーラーは人道に反した罪でハーグの国際戦犯法廷において裁判にかけられています．しかし依然として，多くの問題が残っており，劣悪な刑務所の状態，女性に対する暴力，そして近隣諸国に逃亡して，戻れずにいる約8万人のリベリア人がいます．

ルーマニア

当局は，告発されたテロリストたちの特例引き渡しを拒否しました．ロマ人は広い範囲の差別と迫害に直面します．精神病院で長期間生活する人々がおかれている劣悪な状況は，国際的な批判を受けています．性

国のプロフィールと世界のデータ

的少数派は組織的差別と迫害に直面します．

ルワンダ

ルワンダ国際刑事裁判所において，1994年のジェノサイドに関与した人々を訴追するという進歩がありましたがルワンダの部族集団の緊張は高いままです．部族委員会を広範囲に利用すると，公平な裁判への権利は危機に陥ります．保安部の活動によって拷問が行われ，虐待されているとしばしば告発されます．刑務所の状況は，国際的な非難を招いてきました．平均余命は45歳です．

レバノン

人権状況は，暴力と不安定な政治の影響とを受けています．2006年に，イスラエルがヒズボラとの戦争において，南レバノンを侵略しましたが，その結果，何百人という市民が死亡し，重傷を負った多くの人々がいます．女性は多くのパレスチナ難民と同様に，差別に直面します．拷問の告発が増大しています．

ロシア

一番の人権問題は，出版の自由の欠如，政府に異議を唱えたり批判をすることは愛国心がないとして国家が弾圧する傾向があることです．ロシアはチェチェンにおける軍事行動を通じて人々の強制失跡に関与しているとして，欧州人権裁判所に非難されてきました．民衆の抗議行動は厳しい管理のもとにあり，デモ行進は暴力行為を行うといわれている警察によって中断させられてきました．人権擁護者と活動家たちは迫害，嫌がらせ，暴力的な逮捕に直面します．少数民族は差別に直面し，当局によって守られません．拘留者から自白を引き出す手段として拷問が記録されています．女性に対する暴力は横行し，そのほとんどは当局によって無視されています．

	1 総人口 単位：100万人 （2008年もしくは 最新のデータ）	2 1人あたり国民総所得 現在のアメリカドル （2008年もしくは 最新のデータ）	3 ジニ指数 富の分布* （2007年）	4 平均余命 出生時における 平均年数 （2008年もしく は最新のデータ）	5 5歳未満児 死亡率 生児出生 1,000あたり （2007年）	6 水 安全な水源 できる人口の （2004～200
アイスランド	0.3	25,220	–	81	3	100%
アイルランド	4.5	37,350	34	79	4	0%
アゼルバイジャン	8.7	7,770	37	67	39	78%
アフガニスタン	27.2	–		44	257	22%
アメリカ合衆国	304.1	46,970	41	78	8	99%
アラブ首長国連邦	4.5	45,510	–	79	8	100%
アルジェリア	34.4	7,940	35	72	37	85%
アルゼンチン	39.9	14,020	51	75	16	96%
アルバニア	3.1	7,950	31	77	15	97%
アルメニア	3.1	6,310	34	74	24	98%
アンゴラ	18	5,020		47	158	51%
アンティグア・バーブーダ	0.1	20,570	–	–	11	91%
イエメン	23.1	2,210	33	63	73	66%
イスラエル	7.3	27,450	39	81	5	100%
イタリア	59.9	30,250	36	81	4	0%
イラク	28.9	–	–	68	44	77%
イラン	72	10,840	43	71	33	94%
インド	1,140.00	2,960	37	65	72	89%
インドネシア	228.2	3,830	34	71	31	80%
ウガンダ	31.7	1,140	46	53	130	64%
ウクライナ	46.3	7,210	28	68	24	97%
ウズベキスタン	27.3	2,660	37	67	41	88%
ウルグアイ	3.3	12,540	45	76	14	100%
英 国	61.4	36,130	36	79	6	100%
エクアドル	13.5	7,760	54	75	22	95%
エジプト	81.5	5,460	34	70	36	98%
エストニア	1.3	19,280	36	73	6	100%
エスワティニ	1.2	5,010	50	46	91	60%
エチオピア	80.7	870	30	55	119	42%
エリトリア	5	630	–	58	70	60%
エルサルバドル	6.1	6,670	52	71	24	84%
オーストラリア	21.4	34,040	35	81	6	100%
オーストリア	8.3	37,680	29	80	4	100%
オマーン	2.8	20,650	–	76	12	0%
オランダ	16.4	41,670	31	80	5	100%
ガイアナ	0.8	2,510	–	67	60	93%
カザフスタン	15.7	9,690	34	66	32	96%
カタール	1.3	–	–	76	15	100%
ガーナ	23.4	1,430	41	57	115	80%
カナダ	33.3	36,220	33	81	6	100%
カーボベルデ	0.5	3,450	–	71	32	80%
ガボン	1.4	12,270	–	61	91	87%
カメルーン	18.9	2,180	45	50	148	70%
韓 国	48.6	28,120	32	79	5	92%
ガンビア	1.7	1,280	50	56	109	86%
カンボジア	14.7	1,820	42	60	91	65%
北朝鮮	23.9	–	–	67	55	100%
ギニア	9.8	1,190	39	58	150	70%

*0＝完全に平等；
100＝完全に不平等

国のプロフィールと世界のデータ

的少数派は組織的差別と迫害に直面します．

ルワンダ

ルワンダ国際刑事裁判所において，1994年のジェノサイドに関与した人々を訴追するという進歩がありましたがルワンダの部族集団の緊張は高いままです．部族委員会を広範囲に利用すると，公平な裁判への権利は危機に陥ります．保安部の活動によって拷問が行われ，虐待されているとしばしば告発されます．刑務所の状況は，国際的な非難を招いてきました．平均余命は45歳です．

レバノン

人権状況は，暴力と不安定な政治の影響とを受けています．2006年に，イスラエルがヒズボラとの戦争において，南レバノンを侵略しましたが，その結果，何百人という市民が死亡し，重傷を負った多くの人々がいます．女性は多くのパレスチナ難民と同様に，差別に直面します．拷問の告発が増大しています．

ロシア

一番の人権問題は，出版の自由の欠如，政府に異議を唱えたり批判をすることは愛国心がないとして国家が弾圧する傾向があることです．ロシアはチェチェンにおける軍事行動を通じて人々の強制失踪に関与しているとして，欧州人権裁判所に非難されてきました．民衆の抗議行動は厳しい管理のもとにあり，デモ行進は暴力行為を行うといわれている警察によって中断させられてきました．人権擁護者と活動家たちは迫害，嫌がらせ，暴力的な逮捕に直面します．少数民族は差別に直面し，当局によって守られません．拘留者から自白を引き出す手段として拷問が記録されています．女性に対する暴力は横行し，そのほとんどは当局によって無視されています．

	1 総人口 単位：100万人 (2008年もしくは 最新のデータ)	2 1人あたり国民総所得 現在のアメリカドル (2008年もしくは 最新のデータ)	3 ジニ指数 富の分布* (2007年)	4 平均余命 出生時における 平均年数 (2008年もしく は最新のデータ)	5 5歳未満児 死亡率 生児出生 1,000あたり (2007年)	6 水 安全な水源 できる人口 (2004～20
アイスランド	0.3	25,220	–	81	3	100%
アイルランド	4.5	37,350	34	79	4	0%
アゼルバイジャン	8.7	7,770	37	67	39	78%
アフガニスタン	27.2	–	–	44	257	22%
アメリカ合衆国	304.1	46,970	41	78	8	99%
アラブ首長国連邦	4.5	45,510	–	79	8	100%
アルジェリア	34.4	7,940	35	72	37	85%
アルゼンチン	39.9	14,020	51	75	16	96%
アルバニア	3.1	7,950	31	77	15	97%
アルメニア	3.1	6,310	34	74	24	98%
アンゴラ	18	5,020	–	47	158	51%
アンティグア・バーブーダ	0.1	20,570	–	–	11	91%
イエメン	23.1	2,210	33	63	73	66%
イスラエル	7.3	27,450	39	81	5	100%
イタリア	59.9	30,250	36	81	4	0%
イラク	28.9	–	–	68	44	77%
イラン	72	10,840	43	71	33	94%
インド	1,140.00	2,960	37	65	72	89%
インドネシア	228.2	3,830	34	71	31	80%
ウガンダ	31.7	1,140	46	53	130	64%
ウクライナ	46.3	7,210	28	68	24	97%
ウズベキスタン	27.3	2,660	37	67	41	88%
ウルグアイ	3.3	12,540	45	76	14	100%
英 国	61.4	36,130	36	79	6	100%
エクアドル	13.5	7,760	54	75	22	95%
エジプト	81.5	5,460	34	70	36	98%
エストニア	1.3	19,280	36	73	6	100%
エスワティニ	1.2	5,010	50	46	91	60%
エチオピア	80.7	870	30	55	119	42%
エリトリア	5	630	–	58	70	60%
エルサルバドル	6.1	6,670	52	71	24	84%
オーストラリア	21.4	34,040	35	81	6	100%
オーストリア	8.3	37,680	29	80	4	100%
オマーン	2.8	20,650	–	76	12	0%
オランダ	16.4	41,670	31	80	5	100%
ガイアナ	0.8	2,510	–	67	60	93%
カザフスタン	15.7	9,690	34	66	32	96%
カタール	1.3	–	–	76	15	100%
ガーナ	23.4	1,430	41	57	115	80%
カナダ	33.3	36,220	33	81	6	100%
カーボベルデ	0.5	3,450	–	71	32	80%
ガボン	1.4	12,270	–	61	91	87%
カメルーン	18.9	2,180	45	50	148	70%
韓 国	48.6	28,120	32	79	5	92%
ガンビア	1.7	1,280	50	56	109	86%
カンボジア	14.7	1,820	42	60	91	65%
北朝鮮	23.9	–	–	67	55	100%
ギニア	9.8	1,190	39	58	150	70%

*0＝完全に平等；
100＝完全に不平等

7 初等教育 学している割合 (2000〜2007年)		8 中等教育 通学している割合 (2000〜2007年)			9 難民 出身国別 (2008年)	10 国内避難民 (2008年)	11 報道自由度指標** (2009年)	12 結社の自由度指標† (2007年)	
女児	合計	男児	女児	合計					
97%	98%	89%	91%	90%	7	–	2	12	アイスランド
95%	95%	85%	90%	87%	7	–	0	12	アイルランド
83%	85%	79%	76%	78%	16,319	603,251	53.5	3	アゼルバイジャン
46%	61%	–	–	–	2,833,128	230,670	54.25	4	アフガニスタン
93%	92%	88%	88%	88%	2,137	–	4	11	アメリカ合衆国
88%	88%	78%	80%	79%	256	–	21.5	3	アラブ首長国連邦
94%	95%	65%	68%	66%	9,060	–	49.56	6	アルジェリア
98%	99%	75%	82%	78%	1,047	–	11.33	11	アルゼンチン
93%	94%	74%	72%	73%	15,006	–	21.75	8	アルバニア
84%	82%	84%	88%	86%	16,336	–	31.13	5	アルメニア
–	–	–	–	–	171,393	–	36.5	6	アンゴラ
–	–	–	–	–	26	–	–	9	アンティグア・バーブーダ
65%	75%	49%	26%	37%	1,777	100,000	83.38	4	イエメン
98%	97%	88%	89%	89%	1,494	–	23.75	12	イスラエル
98%	99%	93%	94%	94%	62	–	12.14	12	イタリア
82%	89%	45%	32%	38%	1,903,519	2,647,251	53.3	3	イラク
100%	94%	79%	75%	77%	69,061	–	104.14	2	イラン
87%	89%	–	–	–	19,569	–	29.33	10	インド
94%	96%	59%	59%	59%	19,345	–	28.5	9	インドネシア
–	–	16%	14%	15%	7,548	853,000	21.5	6	ウガンダ
90%	90%	83%	84%	84%	28,424	–	22	10	ウクライナ
–	–	–	–	–	6,308	–	67.67	0	ウズベキスタン
100%	100%	–	–	–	199	–	7.63	12	ウルグアイ
99%	98%	91%	94%	92%	185	–	4	12	英国
97%	97%	57%	58%	57%	1,066	–	20	11	エクアドル
94%	96%	82%	78%	80%	6,780	–	51.38	2	エジプト
94%	94%	90%	92%	91%	248	–	0.5	12	エストニア
79%	78%	29%	35%	32%	32	–	52.5	3	エスワティニ
69%	71%	29%	19%	24%	63,878	–	49	3	エチオピア
43%	47%	30%	20%	25%	186,398	–	115.5	0	エリトリア
94%	94%	53%	56%	54%	5,151	–	17.25	8	エルサルバドル
97%	96%	87%	88%	87%	43	–	3.13	12	オーストラリア
98%	97%	–	–	–	14	–	3	12	オーストリア
75%	74%	78%	77%	77%	56	–	29.5	3	オマーン
97%	98%	88%	89%	88%	46	–	1	12	オランダ
–	–	–	–	–	708	–	10.5	10	ガイアナ
90%	90%	86%	86%	86%	4,825	–	49.67	4	カザフスタン
94%	94%	91%	90%	91%	71	–	24	2	カタール
71%	72%	47%	43%	45%	13,242	–	6	11	ガーナ
100%	100%	–	–	–	101	–	3.7	12	カナダ
87%	88%	56%	63%	59%	30	–	11	11	カーボベルデ
88%	88%	–	–	–	129	–	43.5	6	ガボン
–	–	–	–	–	13,870	–	30.5	3	カメルーン
93%	98%	99%	93%	96%	1,104	–	15.67	11	韓国
64%	62%	40%	37%	38%	1,352	–	48.25	6	ガンビア
89%	90%	33%	28%	31%	17,253	–	35.17	6	カンボジア
–	–	–	–	–	886	–	112.5	0	北朝鮮
66%	72%	35%	20%	28%	9,495	–	28.5	5	ギニア

**値が小さい＝自由；値が大きい＝自由がない
†0＝自由がない、12＝完全な自由

	1 総人口 単位：100万人 （2008年もしくは 最新のデータ）	2 1人あたり国民総所得 現在のアメリカドル （2008年もしくは 最新のデータ）	3 ジニ指数 富の分布* （2007年）	4 平均余命 出生時における 平均年数 （2008年もしく は最新のデータ）	5 5歳未満児 死亡率 生児出生 1,000あたり （2007年）	6 水 安全な水源が できる人口 （2004〜20
ギニアビサウ	1.6	530	47	48	198	57%
キプロス	0.9	24,040	‒	79	5	100%
キューバ	11.2	‒	‒	78	7	91%
ギリシャ	11.2	28,470	34	80	4	100%
キリバス	0.1	3,660	‒	‒	63	65%
キルギス	5.3	2,140	30	68	38	89%
グアテマラ	13.7	4,690	55	70	39	96%
クウェート	2.7	52,610	‒	78	11	0%
クック諸島	0.01	9,100	‒	74	‒	95%
グレナダ	0.1	8,060	‒	69	19	95%
クロアチア	4.4	18,420	29	76	6	99%
ケニア	38.5	1,580	43	54	121	57%
コスタリカ	4.5	10,950	50	79	11	98%
コートジボワール	20.6	1,580	45	58	127	81%
コモロ	0.6	1,170	‒	65	66	85%
コロンビア	44.5	8,510	59	73	20	93%
コンゴ共和国	3.6	3,090	‒	54	125	71%
コンゴ民主共和国	64.2	290	‒	46	161	46%
サウジアラビア	24.6	22,950	‒	73	25	0%
サモア	0.2	4,340	‒	72	27	88%
サントメ・プリンシペ	0.2	1,780	‒	65	99	86%
ザンビア	12.6	1,230	51	46	170	58%
シエラレオネ	5.6	750	63	48	262	53%
ジブチ	0.8	2,330	‒	55	127	92%
ジャマイカ	2.7	7,360	46	73	31	93%
ジョージア	4.4	4,850	40	71	30	99%
シリア	21.2	4,350	‒	74	17	89%
シンガポール	4.8	47,940	43	80	3	100%
ジンバブエ	12.5	‒	50	45	90	81%
スイス	7.6	46,460	34	82	5	100%
スウェーデン	9.2	38,180	25	81	3	100%
スーダン	41.3	1,930	‒	58	109	70%
スペイン	45.6	31,130	35	81	4	100%
スリナム	0.5	7,130	‒	69	29	92%
スリランカ	20.2	4,460	40	72	21	82%
スロバキア	5.4	21,300	26	74	8	100%
スロベニア	2	26,910	28	78	4	0%
赤道ギニア	0.7	21,700	‒	50	206	43%
セーシェル	0.1	19,770	‒	73	13	88%
セネガル	12.2	1,760	41	55	114	77%
セルビア	7.4	11,150	‒	73	8	99%
セントクリストファー・ネービス	0.05	15,170	‒	‒	18	99%
セントビンセント・グレナディーン諸島	0.1	8,770	‒	72	19	0%
セントルシア	0.2	9,190	‒	74	18	98%
ソマリア	9	‒	‒	48	142	29%
ソロモン諸島	0.5	2,580	‒	64	70	70%
タ　イ	67.4	5,990	42	69	7	98%
タジキスタン	6.8	1,860	33	67	67	67%

*0＝完全に平等；
100＝完全に不平等

7 初等教育 学している割合 (2000～2007年)		8 中等教育 通学している割合 (2000～2007年)			9 難民 出身国別 (2008年)	10 国内避難民 (2008年)	11 報道自由度 指標** (2009年)	12 結社の自由 度指標† (2007年)	
女児	合計	男児	女児	合計					
37%	45%	11%	6%	9%	1,065	–	23.5	8	ギニアビサウ
99%	99%	93%	95%	94%	10	–	5.5	12	キプロス
97%	97%	86%	88%	87%	7,938	–	94	1	キューバ
99%	100%	92%	93%	92%	67	–	9	11	ギリシャ
98%	97%	65%	72%	68%	38	–	–	12	キリバス
85%	86%	80%	81%	81%	2,517	–	40	7	キルギス
92%	94%	40%	37%	38%	5,934	–	29.5	8	グアテマラ
83%	84%	75%	79%	77%	854	–	15.25	6	クウェート
75%	74%	62%	68%	64%	–	–	–	–	クック諸島
83%	84%	78%	80%	79%	312	–	–	9	グレナダ
90%	90%	86%	88%	87%	97,012	2,497	17.17	12	クロアチア
76%	76%	43%	42%	42%	9,688	404,000	25	9	ケニア
93%	92%	58%	64%	61%	354	–	8	11	コスタリカ
49%	55%	25%	14%	20%	22,227	683,956	29	4	コートジボワール
71%	73%	15%	15%	15%	378	–	19	6	コモロ
88%	89%	62%	69%	65%	373,532	3,000,000	40.13	6	コロンビア
52%	55%	–	–	–	19,925	–	34.25	7	コンゴ共和国
–	–	–	–	–	367,995	1,460,102	53.5	5	コンゴ民主共和国
–	–	–	–	–	712	–	76.5	0	サウジアラビア
91%	90%	62%	71%	66%	4	–	–	10	サモア
98%	98%	31%	34%	33%	35	–	–	10	サントメ・プリンシペ
94%	92%	31%	25%	28%	195	–	26.75	8	ザンビア
–	–	27%	19%	23%	32,536	–	34	8	シエラレオネ
34%	38%	26%	17%	22%	650	–	31	5	ジブチ
90%	90%	77%	80%	78%	826	–	4.75	9	ジャマイカ
91%	89%	77%	81%	79%	12,598	293,048	18.83	7	ジョージア
92%	95%	64%	61%	63%	15,211	–	78	0	シリア
–	–	–	–	–	109	–	45	3	シンガポール
88%	88%	38%	36%	37%	16,841	–	46.5	2	ジンバブエ
89%	89%	84%	80%	82%	32	–	1	12	スイス
95%	95%	99%	99%	99%	15	–	0	12	スウェーデン
37%	41%	–	–	–	419,248	1,201,040	54	3	スーダン
99%	100%	92%	96%	94%	27	–	11	12	スペイン
98%	96%	57%	79%	68%	50	–	10.6	11	スリナム
97%	98%	–	–	–	137,752	504,800	75	8	スリランカ
92%	92%	–	–	–	331	–	11	12	スロバキア
95%	95%	90%	91%	90%	52	–	9.5	12	スロベニア
83%	87%	–	–	25%	384	–	65.5	0	赤道ギニア
100%	99%	94%	100%	94%	53	–	16	9	セーシェル
70%	71%	23%	18%	20%	16,006	–	22	10	セネガル
95%	95%	–	–	76%	185,935	225,879	15.5	11	セルビア
78%	71%	70%	61%	65%	4	–	–	12	セントクリストファー・ネービス
88%	90%	57%	71%	64%	750	–	–	11	セントビンセント・グレナディーン諸島
97%	98%	65%	80%	73%	288	–	–	–	セントルシア
–	–	–	–	–	561,154	1,277,200	77.5	0	ソマリア
62%	62%	29%	25%	27%	52	–	–	9	ソロモン諸島
94%	94%	68%	75%	71%	1,815	–	44	5	タイ
95%	97%	87%	74%	80%	544	–	32	–	タジキスタン

**値が小さい=自由；値が大きい=自由がない
†0=自由がない、12=完全な自由

	1 総人口 単位：100万人 （2008年もしくは 最新のデータ）	2 1人あたり国民総所得 現在のアメリカドル （2008年もしくは 最新のデータ）	3 ジニ指数 富の分布* （2007年）	4 平均余命 出生時における 平均年数 （2008年もしくは は最新のデータ）	5 5歳未満児 死亡率 生児出生 1,000あたり （2007年）	6 水 安全な水源 できる人口 （2004～20
タンザニア	42.5	1,230	35	56	116	55%
チェコ	10.4	22,790	25	77	4	100%
チャド	11.1	1,160	–	51	209	48%
中央アフリカ共和国	4.4	730	61	45	172	66%
中　国	1,325.60	6,020	47	73	22	88%
チュニジア	10.3	7,070	40	74	21	94%
チ　リ	16.8	13,270	55	78	9	95%
ツバル	–	–	–	–	–	93%
デンマーク	5.5	37,280	25	78	4	100%
ドイツ	82.1	35,940	28	80	4	100%
トーゴ	6.5	820	–	63	100	59%
ドミニカ共和国	9.8	7,890	52	72	38	95%
ドミニカ国	0.1	8,300	–	–	11	97%
トリニダード・トバゴ	1.3	23,950	39	70	35	94%
トルクメニスタン	5	6,210	41	63	50	72%
トルコ	73.9	13,770	44	72	23	97%
トンガ	0.1	3,880	–	72	23	100%
ナイジェリア	151.3	1,940	44	47	189	47%
ナウル	–	–	–	–	–	0%
ナミビア	2.1	6,270	74	53	68	93%
ニウエ	–	–	–	–	–	0%
ニカラグア	5.7	2,620	43	73	35	79%
ニジェール	14.7	680	51	57	176	42%
日　本	127.7	35,220	25	83	4	100%
ニュージーランド	4.3	25,090	36	80	6	0%
ネパール	28.6	1,120	47	64	55	89%
ノルウェー	4.8	58,500	26	80	4	100%
ハイチ	9.8	1,180	59	61	76	58%
パキスタン	166	2,700	31	65	90	90%
パナマ	3.4	11,650	56	76	23	92%
バヌアツ	0.2	3,940	–	70	34	60%
バハマ	0.3	–	–	73	13	97%
パプアニューギニア	6.4	2,000	51	57	65	40%
パラオ	0.02	–	–	–	10	89%
パラグアイ	6.2	4,820	58	72	29	77%
バルバドス	0.3	18,600	–	77	12	100%
パレスチナ自治区	3.8	–	–	73	27	89%
バーレーン	0.8	27,210	–	76	10	0%
ハンガリー	10	17,790	27	73	7	100%
バングラデシュ	160	1,440	33	66	61	80%
東ティモール	1.1	4,690	–	61	97	62%
フィジー	0.8	4,270	–	69	18	47%
フィリピン	90.3	3,900	45	72	28	93%
フィンランド	5.3	35,660	27	79	4	100%
プエルトリコ	4	–	–	78	–	0%
ブータン	0.7	4,880	–	66	84	81%
ブラジル	192	10,070	57	73	22	91%
フランス	62	34,400	33	81	4	100%

*0＝完全に平等；
100＝完全に不平等

7 初等教育 学している割合 (2000～2007年)		8 中等教育 通学している割合 (2000～2007年)			9 難民 出身国別 (2008年)	10 国内避難民 (2008年)	11 報道自由度 指標** (2009年)	12 結社の自由 度指標† (2007年)	
女児	合計	男児	女児	合計					
97%	97%	22%	20%	21%	1,270	–	15.5	7	タンザニア
94%	93%	–	–	–	1,358	–	5	12	チェコ
50%	60%	16%	5%	11%	55,105	166,718	44.5	4	チャド
38%	46%	13%	9%	11%	125,106	197,000	17.75	6	中央アフリカ共和国
99%	99%	–	–	–	175,180	–	84.5	2	中　国
97%	96%	61%	68%	65%	2,349	–	61.5	2	チュニジア
–	–	–	–	–	994	–	10.5	12	チ　リ
–	100%	–	–	–	2	–	–	12	ツバル
96%	96%	88%	90%	89%	11	–	0	12	デンマーク
98%	98%	–	–	–	166	–	3.5	12	ドイツ
75%	80%	30%	14%	22%	16,750	–	15.5	6	トーゴ
79%	78%	47%	57%	52%	318	–	26.83	11	ドミニカ共和国
80%	77%	77%	85%	81%	56	–	–	12	ドミニカ国
85%	85%	64%	67%	65%	231	–	7	11	トリニダード・トバゴ
–	–	–	–	–	736	–	107	0	トルクメニスタン
89%	91%	74%	64%	69%	214,378	–	38.25	7	トルコ
94%	96%	54%	68%	60%	7	–	–	5	トンガ
59%	63%	28%	23%	26%	14,169	–	46	8	ナイジェリア
–	60%	–	–	58%	3	–	–	–	ナウル
79%	76%	30%	40%	35%	985	–	9	12	ナミビア
–	90%	91%	96%	93%	–	–	–	–	ニウエ
90%	90%	40%	47%	43%	1,537	–	16.75	7	ニカラグア
40%	48%	12%	7%	9%	796	–	48.5	8	ニジェール
100%	100%	99%	99%	99%	185	–	3.25	10	日　本
99%	99%	91%	93%	92%	10	–	3	–	ニュージーランド
87%	89%	–	–	–	4,189	–	35.63	6	ネパール
98%	98%	96%	97%	96%	4	–	0	12	ノルウェー
–	–	–	–	–	23,066	–	15	6	ハイチ
57%	66%	33%	26%	30%	32,403	155,809	65.67	4	パキスタン
98%	99%	61%	68%	64%	111	–	14.5	11	パナマ
86%	87%	41%	35%	38%	–	–	–	11	バヌアツ
89%	88%	83%	85%	84%	15	–	–	12	バハマ
–	–	–	–	–	46	–	14.7	9	パプアニューギニア
95%	96%	–	–	–	1	–	–	11	パラオ
95%	94%	56%	59%	57%	101	–	14.33	8	パラグアイ
96%	96%	88%	89%	89%	34	–	–	12	バルバドス
76%	76%	87%	92%	90%	340,016	–	69.83	–	パレスチナ自治区
98%	98%	91%	96%	93%	80	–	36.5	3	バーレーン
88%	88%	90%	90%	90%	1,614	–	5.5	12	ハンガリー
91%	89%	40%	42%	41%	10,098	–	37.33	6	バングラデシュ
67%	68%	–	–	23%	7	15,860	16	7	東ティモール
91%	91%	76%	83%	79%	1,868	–	60	4	フィジー
93%	91%	55%	66%	60%	1,354	–	38.25	8	フィリピン
97%	97%	96%	96%	96%	4	–	0	12	フィンランド
0%	0%	0%	0%	0%	–	–	–	–	プエルトリコ
79%	79%	38%	39%	39%	104,965	–	15.75	3	ブータン
95%	94%	75%	83%	79%	1,404	–	15.88	10	ブラジル
99%	99%	98%	100%	99%	101	–	10.67	12	フランス

**値が小さい＝自由；値が大きい＝自由がない
†0＝自由がない、12＝完全な自由

	1 総人口 単位：100万人 （2008年もしくは 最新のデータ）	2 1人あたり国民総所得 現在のアメリカドル （2008年もしくは 最新のデータ）	3 ジニ指数 富の分布* （2007年）	4 平均余命 出生時における 平均年数 （2008年もしく は最新のデータ）	5 5歳未満児 死亡率 生児出生 1,000あたり （2007年）	6 水 安全な水源 できる人口 （2004〜200
ブルガリア	7.6	11,950	29	73	12	99%
ブルキナファソ	15.2	1,160	40	52	191	72%
ブルネイ	0.4	50,200	–	77	9	0%
ブルンジ	8.1	380	42	51	180	71%
ベトナム	86.2	2,700	34	74	15	92%
ベナン	8.7	1,460	37	62	123	65%
ベネズエラ	27.9	12,830	48	74	19	83%
ベラルーシ	9.7	12,150	30	70	13	100%
ベリーズ	0.3	6,040	–	76	25	91%
ペルー	28.8	7,980	52	73	20	84%
ベルギー	10.7	34,760	33	80	5	0%
ボスニア・ヘルツェゴビナ	3.8	8,620	26	75	14	99%
ボツワナ	1.9	13,100	61	51	40	96%
ポーランド	38.1	17,310	35	75	7	0%
ボリビア	9.7	4,140	60	66	57	86%
ポルトガル	10.6	22,080	39	78	4	99%
ホンジュラス	7.2	3,870	54	70	24	84%
マケドニア	2	9,950	39	74	17	100%
マーシャル諸島	0.1	–	–	–	54	87%
マダガスカル	19.1	1,040	48	61	112	47%
マラウイ	14.3	830	39	48	111	76%
マリ	12.7	1,090	40	54	196	60%
マルタ	0.4	22,460	–	80	5	100%
マレーシア	27	13,740	49	74	11	99%
ミクロネシア	0.1	3,000	–	69	40	94%
南アフリカ共和国	48.7	9,780	58	50	59	93%
ミャンマー	49.2	1,290	–	62	103	80%
メキシコ	106.4	14,270	46	75	35	95%
モザンビーク	21.8	770	47	42	168	42%
モーリシャス	1.3	12,480	–	72	15	100%
モーリタニア	3.2	2,000	39	64	119	60%
モルディブ	0.3	5,280	–	68	30	83%
モルドバ	3.6	3,210	33	69	18	92%
モロッコ	31.2	4,330	40	71	34	83%
モンゴル	2.6	3,480	33	67	43	72%
モンテネグロ	0.6	13,920	–	74	10	98%
ヨルダン	5.9	5,530	39	73	24	98%
ラオス	6.2	2,040	35	65	70	60%
ラトビア	2.3	16,740	38	71	9	99%
リトアニア	3.4	18,210	36	71	8	0%
リビア	6.3	15,630	–	74	18	0%
リベリア	3.8	300	–	58	133	64%
ルクセンブルク	0.5	64,320	–	79	3	100%
ルーマニア	21.5	13,500	31	73	15	88%
ルワンダ	9.7	1,010	47	50	181	65%
レソト	2	2,000	63	43	84	78%
レバノン	4.1	10,880	–	72	29	100%
ロシア	141.8	15,630	40	68	15	97%

*0＝完全に平等；
100＝完全に不平等

7 初等教育 学している割合 (2000〜2007年)		8 中等教育 通学している割合 (2000〜2007年)			9 難民 出身国別 (2008年)	10 国内避難民 (2008年)	11 報道自由度指標** (2009年)	12 結社の自由度指標† (2007年)	
女児	合計	男児	女児	合計					
92%	92%	90%	88%	89%	3,040	–	15.61	11	ブルガリア
42%	47%	14%	10%	12%	725	–	15	9	ブルキナファソ
94%	94%	88%	92%	90%	1	–	63.5	3	ブルネイ
73%	75%	–	–	–	281,592	100,000	29	5	ブルンジ
–	95%	–	–	61%	328,183	–	81.67	2	ベトナム
73%	80%	23%	11%	17%	318	–	16	12	ベナン
91%	91%	62%	71%	66%	5,807	–	39.5	6	ベネズエラ
89%	89%	87%	89%	88%	5,384	–	59.5	0	ベラルーシ
97%	97%	64%	70%	67%	20	–	–	11	ベリーズ
97%	96%	72%	72%	72%	7,339	–	20.88	8	ペルー
98%	97%	89%	85%	87%	61	–	2.5	12	ベルギー
–	–	–	–	–	74,366	124,529	10.5	8	ボスニア・ヘルツェゴビナ
85%	84%	52%	60%	56%	26	–	15.5	10	ボツワナ
96%	96%	93%	94%	94%	2,391	–	9.5	12	ポーランド
95%	95%	72%	70%	71%	454	–	24.17	10	ボリビア
98%	98%	78%	86%	82%	36	–	8	12	ポルトガル
97%	96%	–	–	–	1,116	–	42	8	ホンジュラス
92%	92%	82%	80%	81%	7,521	–	8.75	7	マケドニア
66%	66%	43%	47%	45%	–	–	–	–	マーシャル諸島
96%	96%	17%	18%	17%	277	–	45.83	8	マダガスカル
94%	91%	25%	23%	24%	106	–	15.5	8	マラウイ
54%	61%	–	–	–	1,758	–	8	9	マリ
91%	91%	84%	90%	87%	9	–	2.5	12	マルタ
100%	100%	66%	72%	69%	608	–	44.25	5	マレーシア
–	–	92%	–	25%	–	–	–	–	ミクロネシア
88%	88%	59%	66%	62%	453	–	8.5	12	南アフリカ共和国
100%	100%	46%	46%	46%	184,413	67,290	102.67	0	ミャンマー
97%	98%	71%	70%	70%	6,162	–	48.25	9	メキシコ
73%	76%	4%	4%	4%	208	–	19	7	モザンビーク
96%	95%	81%	82%	82%	24	–	14	12	モーリシャス
82%	80%	16%	15%	16%	45,601	–	28.5	8	モーリタニア
97%	97%	65%	70%	67%	16	–	14	4	モルディブ
88%	88%	80%	83%	81%	5,555	–	33.75	6	モルドバ
85%	88%	37%	32%	35%	3,533	–	41	6	モロッコ
93%	91%	77%	87%	82%	1,333	–	23.33	10	モンゴル
–	–	–	–	–	1,283	–	17	10	モンテネグロ
91%	90%	81%	83%	82%	1,890	–	31.88	5	ヨルダン
81%	84%	38%	32%	35%	8,598	–	92	1	ラオス
92%	90%	–	–	–	763	–	3	12	ラトビア
89%	89%	92%	93%	92%	490	–	2.25	11	リトアニア
–	–	–	–	–	2,084	–	64.5	0	リビア
39%	40%	22%	13%	17%	75,213	–	15.5	8	リベリア
98%	97%	82%	86%	84%	–	–	4	12	ルクセンブルク
93%	93%	74%	73%	73%	4,756	–	12.5	11	ルーマニア
81%	79%	–	–	10%	72,530	–	64.67	3	ルワンダ
74%	72%	19%	29%	24%	8	–	27.5	7	レソト
82%	82%	70%	77%	73%	12,967	–	15.42	8	レバノン
91%	91%	–	–	–	103,061	91,505	60.88	4	ロシア

**値が小さい＝自由；値が大きい＝自由がない
†0＝自由がない、12＝完全な自由

出　　　所

インターネットで入手可能な出所については，多くの場合先頭のURLのみを記載した．出所を閲覧するためには検索エンジンにWEBページやデータベース，文書のタイトルを入力することをお奨めする．

おもな人権協定
United Nations Treaty Collection.
http://treaties.un.org

第1部　国家，アイデンティティ，市民権

18〜19　政治的権利
Smith D. The state of the world atlas. Berkeley: University of California Press and London: Earthscan. 2008. pp. 78-79.
BBC News Country Profiles
http://news.bbc.co.uk
Foreign and Commonwealth Office. Annual report on human rights 2008. www.fco.gov.uk

20〜21　市民権
選挙権
Central Intelligence Agency. The World Factbook.
www.cia.gov [Accessed 2009 Sept 30.]
…世界の33パーセントの人々が
UNDP. Human development report 2002: deepening democracy in a fragmented world. Table 1.1.
http://hdr.undp.org
選挙権者の投票率
Institute for Democracy and Electoral Assistance.　www.idea.int [Accessed 2009 Oct 5.]
…アメリカ人の57パーセントしか
United States Election Project.
http://elections.gmu.edu

22〜23　富と不平等
不平等
World Bank. World Development Indicators.　www.wri.org
www.forbes.com
UNDP. Human development report 2007/08. Table 3. Human and income poverty: developing countries.
http://hdr.undp.org
富の分割
The World Bank. World Bank development report 2007/08. Table 2.7.

http://siteresources.worldbank.org
…すべての死の3分の一は
www.bread.org

24〜25　生活の質
人間開発指数の比較
UNDP. Human development report 2007/08. Table 1.　http://hdr.undp.org
…1万6000人の子どもたちが
www.bread.org
飲料水
UNICEF and WHO Joint Monitoring Programme for Water Supply and Sanitation. Progress on drinking water and sanitation. New York: UNICEF and Geneva: WHO. 2008.
JMP Statistical database.
www.wssinfo.org
食料の欠乏
Food and Agriculture Organization. Food Security Statistics.　www.fao.org

26〜27　健　康
生命のための教育
National Vital Statistics report. vol. 57, no. 14. 2009 April 17. p. 12.
Links Between Human Rights and Health
Based on WHO diagram.
健康寿命
WHO. World health statistics report 2009. Table 1. Summary. p. 44.
www.who.int
教育と健康
WHO. World health statistics report 2009. Table 8. Health inequities. p. 119.　www.who.int
公共の場所における喫煙
WHO report on the global tobacco epidemic, 2008: The MPOWER package. Geneva: World Health Organization. 2008.　www.tobaccoatlas.org

第2部　司法侵害と法規制

30〜31　拷問
UN Special Rapporteur on Torture.
www.unhchr.ch
European Committee for the Prevention of Torture. 18th general report on the CPT's activities, 2007-08. Strasbourg: Council of Europe. 2008.
Amnesty International. The state of the world's human rights 2008.
www.amnesty.org

Foreign & Commonwealth Office. Annual report on human rights 2008.
www.fco.gov.uk
Human Rights Watch. World report 2009.　www.hrw.org
拷問の執行者
Amnesty International. 2008. op. cit.
Foreign & Commonwealth Office. 2008. op. cit.

32〜33　不当勾留
Amnesty International. The state of the world's human rights 2008.
www.amnesty.org
Foreign & Commonwealth Office. Annual report on human rights 2008.
www.fco.gov.uk
Human Rights Watch. World report 2009.　www.hrw.org
Dui Hua Foundation.　www.duihua.org

34〜35　死　刑
International Instruments against Death Penalty
…アメリカ合衆国における死刑判決
Amnesty International USA. Death penalty facts. Updated 2009 Aug.
www.amnestyusa.org/abolish
死　刑
Death penalty: Countries abolitionist for all crimes.　www.amnesty.org
Death penalty banned in New Mexico. The Daily Beast. 2009 Sept 24.
www.thedailybeast.com
…2008年には，少なくとも
Amnesty International (USA). Death Sentences & Executions in 2008.
www.amnesty.org

36〜37　警察活動
差別待遇を行う警察活動
2000/01 and 2002/03 data from: Metropolitan Police Authority. Report of the MPA scrutiny on MPA stop and search practice.　www.mpa.gov.uk
2004/05 data from: Ministry of Justice. Statistics on race and criminal justice system 2005.　www.statewatch.org
2006/07 data from: Ministry of Justice. Statistics on race and criminal justice system 2006/7. 2008 July.
www.justice.gov.uk
警察による人権侵害
Bahamas, Bangladesh, Cote d'Ivoire,

India, Kenya
Amnesty International. Amnesty International Report 2009. http://thereport.amnesty.org ［Accessed 2009 Sept.］
英国
Open verdict at Menezes inquest. 2008 Dec 12. http://news.bbc.co.uk
アメリカ合衆国（テーザー銃）
United Nations Committee on the Elimination of Racial Discrimination. In the shadows of the war on terror: persistent police brutality and abuse of people of color in the United States. 2007 Dec. www2.ohchr. org. Cites Sherman S. Amnesty International: US taser deaths up. Associated Press. 2006 Mar 27.
アメリカ合衆国（暴行）
Crisis of confidence: persistent problems within the New Orleans Police Department: voices and solutions from communities most impacted by violent crime. Safe Streets/Strong Communities. 2006 Oct. www.safestreetsnola.org
シリア
Human Rights Watch. World report 2008. p. 522. www.hrw.org

第3部　表現の自由と検閲
40〜41　言論の自由
The Committee to Protect Journalists. CPJ's prison census: online and in jail. 2008 Dec 1. http://cpj.org
Reporters Without Borders.World Press Freedom Index 2009. www.rsf.org
脅迫のもとのメディアの自由
ジャーナリストの虐待
Reporters Without Borders. www.rsf.org
Russia: Panos Pictures
Obituary: Natalia Estemirova. 2009 July 15. http://news.bbc.co.uk
Afghanistan Parwiz Kambakhsh www.rawa.org
メディア
Committee to Protect Journalists. http://cpj.org

42〜43　通信の検閲
インターネットの検閲
色：http://map. opennet.net/filtering-pol.html
記号：RSF. Internet enemies. 2009 Mar 12. www.rsf.org
サウジアラビア，韓国，スイス，ウズベキスタン
http://opennet.net
ミャンマー
www.rsf.org
中国
Heacock R. China shuts down internet in Xinjiang region after riots. http://opennet.net
Watts J. China thinks twice-and its 300m internet users scent a rare victory. 2009 June 30. www.guardian. co.uk
イラン
Watts J. op. cit.
チュニジア
Gharbia Sami Ben. Facebook user jailed for spreading rumours liable to disrupt public order. 2009 July 7. http://advocacy.globalvoicesonline.org
トルコ
Anderson K. Net surveillance and filters are a reality for Europe, too. 2009 June 24. www.guardian.co.uk
Media Outlets Closed
…2008年には，世界中で1,740の
RSF press freedom round up 2008. www.rsf.org

44〜45　集会と結社
脅迫のもとの結社の自由
フリーダムハウス
www.freedomhouse.org
ベラルーシ
Article 19. Violation of freedom of assembly and use of force against peaceful demonstrators. 2009 Feb 19. Cited on:
www.unhcr.org/refworld
ヨルダン，キルギス，シンガポール
Amnesty International. The state of theworld's human rights 2008. www.amnesty.org
中国，赤道ギニア，アメリカ合衆国，ジンバブエ
ITUC. Annual survey of violation of human rights, 2008. http://survey08.ituc-csi.org

第4部　紛争と移住
48〜49　ジェノサイド（集団殺害）
Genocide Intervention Network www.genocideintervention. net
Genocide Watch www.genocidewatch.org
UNHCR www.unhcr.org
20世紀のジェノサイド
Genocide Watch www.genocidewatch.org/campaigntoendgenocide/about.html

50〜51　戦争と武力紛争
自国での戦争
…1955〜1975年のベトナム戦争では
Human Security Report Project. Mini atlas of human security. Washington DC: The World Bank, Vancouver: Human Security Report Project. 2008. pp. 12-16. Based on data from UCDP/PRIO.
非国家的紛争
Human Security Report Project. op. cit. pp. 22-23. Based on data from UCDP/HSRP.
湾岸戦争の法的位置づけ
Timeline: Iraq. news.bbc.co.uk
World Press Review Online. The United Nations, international law, and the war in Iraq. www.worldpress.org
No-fly zones: the legal position. 2001 Feb 19. http://news.bbc.co.uk
Richardson J. editor. Iraq and weapons of mass destruction. National Security Archive Electronic Briefing Book. no. 80. Updated 2004 Feb 11. George Washington University. www.gwu.edu
Weapons of mass destruction. Iraq Survey Group final report. Global Security. www.globalsecurity.org

52〜53　武器貿易
消え去ることのない殺人者
International Campaign to Ban Landmines. Landmine monitor report 2008: toward a mine-free world. http://lm.icbl.org
Photo caption: Landmine Action. The problem caused by anti-personnel mines. www.landmineaction.org
武器の売人
Grimmett R. CRS Report for Congress. Conventional arms transfers to devel-

oping nations, 2000-2007. 2008 October 23. Congressional Research Service. p. 28.　www.fas.org

武器の買い手
Grimmett R. op. cit. p. 43.

…すべての国連機関の年間予算を
Shah A. The arms trade is big business. 2008 Nov 9.　www.globalissues.org

54〜55　テロリズム
テロリズム行為
Smith D. The state of the world atlas. New York: Penguin and London: Earthscan. 2008. pp. 62-63.

テロリズムへの対応
Walker K. Terror law overkill？ Mail Online. 2009 Feb 11.
www.dailymail.co.uk
Terrorism Act 2006.　www.opsi.gov.uk

56〜57　国連による平和維持
国連平和維持活動
…2008〜2009年の国連平和維持活動
United Nations Peacekeeping.
www.un.org/Depts/dpko/dpko
Troop and police contributions [Accessed 2009 Aug.] Fatalities by year. 2009 June fact sheet.

スレブレニツァの虐殺
Panos Pictures. www.panos.co.uk

58〜59　難民，国内避難民，無国籍者
UNHCR Statistics. www.unhcr.org

第5部　差別
62〜63　宗教的自由と迫害
US State Dept. 2008 Report on international religious freedom.
www.state.gov
International Coalition for Religious Freedom. Religious freedom world report. www.religiousfreedom.com [Accessed 2009 June.]

64〜65　少数民族
Minority Rights Group International. Peoples under threat 2009.
www.minoritygroups.org

66〜67　人種差別
人種差別を終わらせること
United Nations Treaty Collection.
http://treaties.un.org

ヨーロッパ

フランス
Inter Press Service. 1998 June 22.

ルーマニア
European Citizen for Minority Issues. Intolerance in Romania. Table 17.
www.ecmi.de/emap

英国
Ministry of Justice. Statistics on race and the criminal justice system 2006. Cited by　www.westsussex.gov.uk
MORI. British views on immigration. London: MORI. 2003.

インド
US State Department. Country reports on human rights practices 2008.
www.state.gov

ルーマニアにおける不平等
European Citizen for Minority Issues. Intolerance in Romania. Table 17.
www.ecmi.de/emap

アメリカ合衆国における不平等
US National Urban League. The state of Black America. Cited by CNN. 2009 Mar 25. http://edition.cnn.com
The Office of Minority Health.
www.omhrc.gov

68〜69　障害と精神保健
不平等な負担
…WHOは世界中で
WHO. Global burden of disease report 2004 update. Part 3. Table 9. pp. 34-35　www.who.int

障害給付金
Mental Health Policies
Community Care
WHO. Mental health atlas. 2005. pp. 15-19.　www.who.int

70〜71　性的自由
同性愛についての法制
Ottosson D. State censored homophobia: a world survey of laws prohibiting same-sex activity between consenting adults. International Lesbian, Gay, Bisexual, Trans and Intersex Association. 2008.　www.ilga.org

イラン
International Gay and Lesbian Human Rights Commission. Annual report 2008.　www.iglhrc.org

カリブ海諸国
Britain repeals laws banning homosexuality in Caribbean territories. 2001 Jan 5.
www.GlobalGayz.com
Jones MA. Caribbean attitude towards homosexuality changing but violence toward LGBT people remains common. 2008 Oct 13.
www.gayrights.change.org

ブラジル
US State Department. Country reports on human rights practices 2008.
www.state.gov

増大する承認
Johnson R. Where is gay life legal？
http://gaylife.about.com [Accessed 2009 July.]
Marriage and partnership rights for same-sex partners: country-bycountry. www.ilga-europe.org [Accessed 2009 July.]
US states: Aunty Online. The Same-Sex Matrimonial Website
www.auntyonline.com [Accessed 2009 July.]

第6部　女性の権利
74〜75　女性の市民権
女性の権利
CIRI Human Rights Data Project
http://ciri.binghamton.edu
Political rights: CIA world factbook
www.cia.gov
Examples: US State Department. Country reports on human rights 2008.
www.state.gov

女性と貧困
US Census. American Community Survey.

市民社会への参加
World Values Survey 2004.
www.worldvaluessurvey.org

76〜77　家庭内暴力
攻撃のもとの女性
Seager J. The atlas of women in the world. London: Earthscan and Berkeley: University of California Press, 4th ed. 2009. pp. 30-31.
United Nations INSTRAW
http://www.un-instraw.org
Krug et al. World report on violence and health. Geneva: WHO. 2002. pp. 90-91.

エチオピア
García-Moreno et al. WHO Multicountry

study on women's health and domestic violence against women. Initial results on prevalence, health outcomes and women's responses. Geneva: WHO. 2005.

ヨルダン
Jordan: Honour killings still tolerated. IRIN. 2007 Mar 11.
www.irinnews.org
Jail for Jordan 'honour killing' BBC News. 2008 Dec 1.
http://news.bbc.co.uk

国際連合では…
UNIFEM. Facts and figures on violence against women. www.unifem.org

女性の見解
Demographic Health Surveys
www.measuredhs.com

78〜79 強姦（レイプ）
法における配偶者によるレイプ
Seager J. The atlas of women in the world. London: Earthscan and Berkeley: University of California Press, 4th ed. 2009. pp. 58-59.
Afghanistan: Afghan "anti-woman law changed". BBC News. 2009 July 8.
www.bbc.co.uk

レイプ
Seager J. op. cit. pp. 58-59.
UK: Williams R and Laville S. Police drive to set targets for rape investigations. 2009 April 15.
www.guardian.co.uk

戦争地域におけるレイプ
Seager J. op. cit. pp. 100-01.

…5人に1人の女性が
UNFPA. State of world population 2005. The promise of equality: gender equity, reproductive health and the Millennium Development Goals. 2005.
www.unfpa.org.

80〜81 選択する権利
避妊方法の利用
Seager J. The atlas of women in the world. London: Earthscan and Berkeley: University of California Press, 4th ed. 2009. p. 36. Data from: Sedgh G et al. Women with an unmet need for contraception in developing countries and their reasons for not using a method. Guttmacher Institute occasional report no. 37. 2007 June.

中絶の法的地位
Center for Reproductive Rights fact sheet 2008
http://reproductiverights.org

安全でない中絶
WHO. Unsafe abortion: global and regional estimates of incidence of unsafe abortion and associated mortality in 2003. Geneva: WHO. 2007. Table A3.1. www.who.int Sedgh G et al. Induced abortion: rates and trends worldwide. Lancet. 2007. 370: 1338-45. Quoted by Guttmacher Institute. www.guttmacher.org

…世界の全人口の26パーセントが
Isis International. www.isiswomen.org

…約7万人の女性が
Singh S et al. Abortion worldwide: a decade of uneven process. New York: Guttmacher Institute. 2009.

82〜83 女性の性器切除
女性性器切除（FGM）の事実
…毎年アフリカで
…1億4,000万人の少女と女性が
WHO. Female genital mutilation. Fact sheet no. 241. 2008 May.
www.who.int

女性性器切除の普及
Seager J. The atlas of women in the world. London: Earthscan and Berkeley: University of California Press, 4th ed. 2009. p. 55. Based on data from a range of UN agencies. Africa updated from: UNICEF. State of the world's children 2009. Figure 2.5.
www.unicef.org

女性性器切除の法的位置づけ
Rahman A & Toubia N. Female genital mutilation: a guide to laws and policies worldwide. London: Zed Books. 2000.
Seager J. The atlas of women in the world. London: Earthscan and Berkeley: University of California Press. 2009. p. 55.

84〜85 性的隷属
避妊
…世界中で200万人の
…EUに人身売買された女性の
US Department of State. Trafficking in persons report 2009. www.state.gov

人身売買
Seager J. The atlas of women in the world. London: Earthscan and Berkeley: University of California Press, 4th ed. 2009. p. 56-57.
US Department of State. Trafficking in persons report 2009. www.state.gov

第7部 子どもの権利
88〜89 子どもの労働（児童労働）
…世界中で1億100万人を超える
www.childinfo.org quoting UNICEF. State of the world's children 2009.

抵当に入れられた労働
Zafar Mueen Nasir. A rapid assessment of bonded labour in the carpet industry of Pakistan. ILO Publications, 2004. www.ilo.org
www.rugmark.org

仕事の種類
労働する子どもたち
発生率の減少
Zafar Mueen Nasir. A rapid assessment of bonded labour in the carpet industry of Pakistan. ILO Publications. 2004. http://www.ilo.org

90〜91 子ども兵士
www.child-soldiers.org
United Nations Treaty Collection.
http://treaties.un.org
Funeral for hero British soldier. 2009 July 31. Sky News.
http://news.sky.com

暴力の子ども
Child Soldiers, Global report 2008.
www.child-soldiers.org
Ex-child soldiers speak
www.child-soldiers.org

92〜93 教育
初等教育の入学者
UNICEF. Primary school enrolment and attendance. [Accessed 2009 Aug.]
www.childinfo.org

中等学校入学
UNICEF. Childinfo. Secondary school enrolment and attendance. [Accessed 2009 Aug.]
www.childinfo.org

学校に行っていない
UNICEF. Children out of school.
www.childinfo.org [Accessed 2009 Aug.]

94〜95 子どもの死と健康
子どもの死
World Bank. World Development Indicators infant and child mortality data. www.wri.org

…2007年に15歳未満の
UNAIDS, WHO. Aids epidemic update 2007. www.unaids.org

…6秒に一人の
www.oxfam.org

体重の少ない子どもたち
WHO. World health report 2009. p. 13. www.who.int

不公平な機会
WHO. World health report 2009. Table 8. Health inequities. www.who.int

第8部 国のプロフィールと世界のデータ
98〜111 国々のプロフィール
Amnesty International. The state of the world's human rights 2008. www.amnesty.org

BBC Country Profiles http://news.bbc.co.uk

Foreign & Commonwealth Office. Annual report on human rights 2008. www.fco.gov.uk

Human Rights Watch. World report 2009. www.hrw.org

112〜119 世界のデータ
Columns 1, 2, 4, 5 World Development Indicators www.wdi.org

Column 3 World Development Indicators 2007. Table 2.7. http://siteresources.worldbank.org

Column 6 WHO & UNICEF Joint Monitoring Programme www.wssinfo.org

Columns 7 & 8 UNICEF www.childinfo.org

Columns 9 & 10 UNHCR www.unhcr.org

Column 11 Reporters without Borders www.rsf.org

Column 12 Freedom House www.freedomhouse.org

訳者あとがき

　やっと本書「人権の世界地図」を皆さんの手に届けることができることを喜んでおります．ここで，私たちの国，日本の人権状況を顧みておきたいと思います．それは私たちの国の戦後史を回顧することにつながります．

　日本の戦後史を顧みれば，第二次世界大戦の終戦後，すでに70年を経ております．この戦後はどのような時代であったでしょうか．日本は経済的にも政治的にも第二次世界大戦によって壊滅的な打撃を受け，戦前の体制は崩壊しました．1947年に日本国憲法を制定し新しい政治体制のもとで戦後の再建に乗り出し，1960年代の高度成長期を経て1972年の石油危機後も無事経済的には立ち直り，1980年代のバブル景気を迎えます．このバブル崩壊後，日本は経済の低迷期に入り，今日に至っています．「失われた10年」とか「失われた20年」とか言われております．

　ですが，人権という見地から見れば，果たして「失われた」と言えるのでしょうか．むしろ人権意識は確実に進んでいると言えるのではないでしょうか．急激な復興と高度成長とは日本という国の明治以来の在り方を根本的に作り返す作業でした．当然抜本的な変革は矛盾を生み出しました．しかし，そのような矛盾は高度成長による豊かさの実現のなかで吸収されていきました．このような高度成長はまた，「朝鮮戦争」と「ベトナム戦争」という国際的な収奪を背景にしておりました．他国民を犠牲にして豊かさを享受することには，当然それにたいする大きな批判勢力も登場しました．1960年代後半の国際的な学生運動の高まりはそれをひとつの契機としていたのではないでしょうか．そしてそこでは，旧ソ連をはじめとした東欧圏の社会主義，中国などの社会主義が，ユートピアではなく，現実のモデルでした．

　この高度成長とそれに伴う矛盾は，1980年代のグローバリゼーションに基づくバブル景気の中に吸収され，バブルの崩壊により90年代以後の景気の低迷が続いているのが現状です．このような経済状況は，アメリカ合衆国に発した「グローバリゼーション」と言われておりますが，まさに先に触れた「失われた」と言われる経済事態を生み出しました．このグローバリゼーションは，人権を近代の価値として世界中に浸透させていきました．イスラム圏の古い体制を吹き飛ばし，人権を否定する体制は存立できない状況を生み出していることは注目すべきであると考えます．

　1979年のイランの「ホメイニ革命」に始まり，2010年から2012年のいわゆる「アラブの春」は一見すると既成の欧米化に向かうイスラム圏にたいする原理主義の対決という構図で現れていますが，まさにこの欧米化は，政治的に抑圧の体制をつくりだし，国民の貧困を前提しておりました．その後，イスラム圏では現在まで原理主義勢力がテロを繰り返し，一見すると「混沌」という状況があります．けれども，人権を土台にした体制の改変が大きな方向となっていることは見逃すことができません．

　このような混沌はヨーロッパにも逆流しています．イスラム圏からの難民の流入は，EU（ヨーロッパ連合）という経済，文化的なヨーロッパの再構築の運動にたいして，極右的な運動が登場してきており，古い価値に根差した方向を目指しています．

　アメリカ合衆国もまたそうです．古い価値と新しい価値の対立状況が現れております．

　このような状況の出発点となっているのが，旧ソ連および東欧圏の崩壊です．これらの国の社会主義国家の建設は20世紀の資本主義経済体制にたいする人類史的な壮大な実験であったと言えるのではないかと思います．1989年から始まった「東欧の民主化運動」は冷戦の象徴であった「ベルリンの壁」（1989年11月10日）を崩壊に導きました．その後の旧ソ連および東欧圏の混乱は現在にまで続いています．この事態はまさに私たちの人権が体制の基礎になければなら

ないことを明るみに出した事件であったと言えるでしょう．そして，当時社会主義にたいする資本主義の勝利と言われたりしましたが，すでに当時資本主義の危機を述べた近代経済学者もまたいたことを記憶しておいてよいでしょう．実際，資本主義が「リーマンショック」を経てまだ回復できていない状況は明らかです．

一方で，まさにグローバリゼーションの力は，各国で，国民の人権意識を高めていることを確認しておくことが必要だと思います．私たちの国を見れば，子どもたちの虐待，学校におけるいじめと自殺，性犯罪に対する「寛容さ」などは目を覆うばかりです．これらはまさに日本の社会の現状を端的に示す現象ではないでしょうか．子どもたちの虐待は，死に至るところまで凄惨な事態を引き起こしております．そして，虐待をする側の狡猾な隠ぺいと制度的に対応できていない状況は，根本的に再構築することを求めております．

いじめの問題も，対応しきれていない大人の側の問題，教育委員会など制度側の対応ができない状況を示しています．児童相談所など子どもを守る制度的整備が遅々として進まない状況は深刻です．性犯罪についても加害者側が立て続けに無罪になっている状況が報告されております．自衛隊や警察などでいじめや体罰，セクハラなどが行われていることが，アメリカ合衆国の民主主義・人権・労働局の報告書でも指摘されています（2017年3月3日付）．そして，まさに警察による不当逮捕と長期拘留が問題として指摘され，重大な人権侵害であることを指摘されていることも特筆すべきです．「死刑」廃止の流れは，国際的には大きな方向となっており，日本は遅れた国になっています．

重要なことは，「人権」侵害には時効がないということです．すでにジェノサイド（集団殺害）のような「人道への罪」にたいして，時効にはならないとして国際戦犯法廷が開かれ，処断されるのが認められてきております．「人権」侵害もまた人権意識の成熟のなかで問題にされ始めています．典型的な出来事として，セクシャルハラスメントや性犯罪が「#MeToo（ミートゥー）」の運動が明らかにしたように，30年も前の行為が批判されております．ハラスメントが犯罪であることの認識も高まっております．これは，確実に社会の意識が変化していることを示している事象であると言えるのではないかと思います．1970年代は，私などは大学生であったのですが，当時ならこういうハラスメントは見逃されるのが当たり前であったのではないかと思います．ところが現在では，もはやこういう行為が批判される対象になります．ここには人権意識の進化があるのだと考えます．このような進化は今つらい思いをしている方々を励ますものです．

われわれ訳者は，専門分野が哲学であり，「応用倫理学」という分野を一つの対象領域としております．私がこの分野から離れないでいるのは，まさにこのような時代の変化を実感できることによります．

今回本書を訳するにあたっては，調べながら訳する，できるだけわかりやすい訳文にすることを心掛けながら行いました．担当編集者の糠塚さやかさんは，本書が完成するまで，丹念に読んで，わかりにくいところなど的確に指摘してくれました．本当にありがとう．

そしてできれば，若い世代の人たちはぜひ本書を読んで終わりにするのではなく，ご自分でも調べていただけることを望みます．

2019年初夏

訳者を代表して

長島　　隆

索　　引

太字は図の解説を示す.

あ

アイデンティティ　17
アゼルバイジャン（拷問）　31
アフガニスタン
　脅迫のもとのメディアの自由　41
　子ども兵士　90
　ジェノサイド　49
　少数民族　64
　女性の権利　75
　テロリズム（行為）　54, 55
　難民　59
　法における配偶者のレイプ　78
アボリジニ（少数民族の脅かされる文化）
　65
アメリカ合衆国
　あらゆる形態の人種差別撤廃に関する国
　　際条約　66
　家庭内暴力　76
　喫煙　27
　脅迫のもとの結社の自由　44
　警察による人権侵害　36
　子ども兵士　90
　死刑　34
　死亡率　26
　少数民族　64
　女性性器切除の法的位置づけ　82
　人種差別　66
　人種差別による不平等　66
　テロリズム行為　54
　投票率　20
　武器貿易　52
　不当逮捕　32
　不平等　22
　レイプ　79
あらゆる形態の人種差別撤廃に関する国際
　　条約　66
　締約国　67
アルジェリア（テロリズム行為）　55
アルバニア（警察による人権侵害）　37
アンゴラ（市民の拘束）　33
移住　47
イスラエル
　子ども兵士　91
　ジェノサイド　49
　市民の拘束　33
　少数民族　64
　テロリズム行為　55

イタリア（少数民族の脅かされる文化）
　65
イラク
　脅迫のもとのメディアの自由　41
　ジェノサイド　49
　市民の拘束　33
　少数民族　64
　テロリズム（行為）　54, 55
　難民　59
イラン
　インターネットの検閲　43
　拷問　31
　集会の自由　44
　宗教的自由に対する制限　63
　少数民族　64
　女性の権利　75
　政治制度　19
　同性愛についての法制　71
インターネット　39, 40, 42
　検閲　42
インド
　あらゆる形態の人種差別撤廃に関する国
　　際条約　67
　警察による人権侵害　37
　女性の権利　75
　テロリズム行為　55
　不平等　23
インドネシア（テロリズム行為）　55
飲料水　25
ウガンダ（子どもの労働）　89
ウズベキスタン
　インターネットの検閲　43
　宗教的自由に対する制限　63
英国
　警察による人権侵害　37
　子ども兵士　90
　女性の権利　73
　政治制度　19
　テロリズム行為　55
　武器貿易　52
　レイプ　79
　ロンドン警察の警察活動　36
英国愛国者法　54
英国テロリズム法　54
エイズ　80, 94
エジプト
　家庭内暴力　77
　拷問　31
　国家非常事態のもとの不当勾留　32

　子どもの労働　89
　女性性器切除の法的位置づけ　83
　テロリズム行為　55
エスワティニ（家庭内暴力）　77
エチオピア
　家庭内暴力　77
　少数民族　64
　政治囚　33
　レイプ　79
エリトリア
　拷問　31
　宗教的自由と迫害　62
　宗教的自由に対する制限　63
　政治囚　33
オーストラリア
　喫煙　27
　少数民族　64
　少数民族の脅かされる文化　65
　女性性器切除の法的位置づけ　82
オーストリア
　ジェノサイド　48
　政治制度　19
オープン・ネット・イニシアティブ
　42
オランダ（政治制度）　19

か

ガイアナ（同性愛についての法制）　70
家庭内暴力　76, **76**
　女性の見解　**76**
ガーナ（女性性器切除の普及率）　83
カナダ
　喫煙　27
　少数民族　64
　女性性器切除の法的位置づけ　82
カリブ海諸国（同性愛についての法制）
　70
カレン族（少数民族の脅かされる文化）
　65
韓国（インターネットの検閲）　43
ガンビア（市民の拘束）　33
喫煙（公共の場所における）　27
キューバ
　性的自由　61
　政治囚　33
教育
　健康との関係　27
　子どもの　92

127

生命のための　26
教育の権利（子どもの）　92
ギリシャ
　市民の拘束　33
　少数民族の脅かされる文化　65
キルギス
　脅迫のもとの結社の自由　45
　政治制度　19
クウェート（女性の権利）　75
クロアチア（少数民族の脅かされる文化）　65
経済的・社会的及び文化的権利に関する国際規約　14，24，26
警察活動　36
警察による人権侵害　36
結社の自由　39，44
　脅迫のもとの　44
ケニア
　警察による人権侵害　37
　テロリズム行為　55
検閲　39
　インターネット　42
健康　26
　教育との関係　27
　人権との結びつき　26
健康寿命　27
言論の自由　40
強姦　78
拷問　29，30，30
拷問及び他の残虐な，非人道的な又は品位を傷つける取扱い又は刑罰に関する条約（拷問等禁止条約）　15，30
国際連合（家庭内暴力）　76
国内避難民　58，58
国連安全保障理事会　50
国連憲章　50
国連平和維持活動　56，56
　財政的支援　57
国連平和維持軍　47
国家　17，29
国家非常事態宣言　32
国境なき記者団　40，42
コートジボワール
　警察による人権侵害　37
　少数民族　64
　女性の権利　75
　政治制度　19
子ども
　教育　92
　教育の権利　87，92
　権利　87
　死亡と健康　94
　死亡率　94，95

初等学校に行っていない人数　92
初等学校の入学者　92
体重　94
中等学校の入学者　93
兵士　87，90，90
労働　26，88
労働地域　89
労働分野　89
子どもの権利条約　87，88，90，92
コロンビア
　子ども兵士　90
　選挙　17
　戦争地域におけるレイプ　79
　難民　58
コンゴ民主共和国
　子ども兵士　91
　ジェノサイド　48
　少数民族　64
　戦争地域におけるレイプ　79
　難民　59

さ

サウジアラビア
　インターネットの検閲　43
　宗教的自由に対する制限　63
　少数民族の脅かされる文化　65
　テロリズム行為　55
差別　10，61
差別待遇を行う警察活動　36
残虐行為　48
シーア派（少数民族の脅かされる文化）　65
ジェノサイド　47，48，56
　懸念される地域　48
　20世紀の　48
ジェノサイド条約　14
シエラ・レオネ（障害）　68
死刑　29，34
　執行の方法　34
　状況　35
　反対する国際的取組み　34
死刑廃止議定書　34
児童（子ども）の権利条約　15
児童労働　26，28
司法侵害　29
市民権　17，20
　女性の　74
市民社会　39
市民的及び政治的権利に関する国際規約　14，18，20，32，40，44，62
　第2選択議定書　34
市民の拘束　33

社会権規約　14
ジャーナリスト　40
　虐待　40
ジャマイカ（同性愛についての法制）　70
自由　11
集会の自由　44
宗教的自由
　迫害　62
　制限　62
自由権規約　14
集団殺害　47，48，56
集団殺害罪の防止及び処罰に関する条約　14，48
障害　68
　不平等　68
障害給付金　69
障害者の権利に関する条約　68
少数民族　64
　脅かされる文化　65
　保護　64
食料の欠乏　24
ジョージア（政治制度）　19
女子に対するあらゆる形態の差別の撤廃に関する条約（女子差別撤廃条約）　15，74，82，84
女性
　市民社会への参加　75
　人身売買　84，84
　人身売買と避妊　84
　貧困　74
女性性器切除　82
　普及率　82
　法的位置づけ　82
女性に対するあらゆる形態の暴力の撤廃に関する宣言　82
女性の権利　73，74
　市民権　74
　自由権　80
　選択の権利，生殖の権利　80
　平等権　73
地雷　52，52
シリア
　警察による人権侵害　37
　国家非常事態のもとの不当勾留　32
　政治囚　33
シンガポール
　脅迫のもとの結社の自由　45
　国家非常事態のもとの不当勾留　32
人権侵害　47
人種差別　66
　終結　67
人身売買（女性の）　84，84

避妊　84
身体障害　68
ジンバブエ
　脅迫のもとの結社の自由　45
　少数民族　64
スイス（インターネットの検閲）　43
スウェーデン（女性性器切除の法的位置づけ）　83
スーダン
　ジェノサイド　49
　少数民族　64, 64
　女性の権利　75
　難民　59
スペイン（テロリズム行為）　55
スリランカ
　ジェノサイド　49
　市民の拘束　33
　少数民族　64
　テロリズム行為　55
スレブレニツァの虐殺　56
スロバキア（政治制度）　19
生活の質　24
生命のための教育　26
政治囚　33
政治制度　18
政治的権利　18
精神障害　68
　地域ケア　69
精神保健　68
精神保健政策　69
性的自由　70
性的隷属　84
世界人権宣言　9, 34, 50
赤道ギニア
　脅迫のもとの結社の自由　45
　市民の拘束　33
選挙権　20, 21
戦争　50
　自国での　50
ソマリア
　ジェノサイド　49
　少数民族　64
　女性性器切除の普及率　83
　政治制度　19
　難民　59
尊厳　11

た

タイ（国家非常事態のもとの不当勾留）　32
台湾　39
タミル・タイガー（ジェノサイド）　49

チャド
　子どもの教育　93
　子ども兵士　91
　ジェノサイド　49
　少数民族　64
　紛争　47
中央アフリカ共和国
　国連平和維持活動　56
　子ども兵士　91
　少数民族　64
中国
　インターネットの検閲　43
　脅迫のもとの結社の自由　45
　脅迫のもとのメディアの自由　41
　拷問　29
　宗教的自由に対する制限　63
　政治囚　33
　不当逮捕　32
　不平等　23
中絶　80
　安全でない　81
　法的状況　81
チュニジア（インターネットの検閲）　43
通信の検閲　42
テロリズム　54, 54
デンマーク（政治制度）　19
ドイツ（ジェノサイド）　48
同性愛　70
　法制　70
同性婚の承認　70
投票率　20
富　22
　分割　23
トリニダード・トバゴ（同性愛についての法制）　70
トルコ
　インターネットの検閲　43
　家庭内暴力　77
　ジェノサイド　48

な

ナイジェリア（少数民族）　64
難民　58, 58
難民の地位に関する国連条約　58
ニカラグア（子どもの教育）　92
日本（レイプ）　79
ニュージーランド（少数民族）　64
人間開発指数（比較）　24
ネパール
　子ども兵士　91
　政治制度　19

は

ハイチ
　家庭内暴力　76
　戦争地域におけるレイプ　79
パキスタン
　家庭内暴力　77
　国家非常事態のもとの不当勾留　32
　子どもの労働　88
　少数民族　64
　女性の権利　75
　政治制度　19
　テロリズム行為　55
バハマ（警察による人権侵害）　36
パラグアイ（政治制度）　18
バルバドス（同性愛についての法制）　70
パレスチナ自治区
　子ども兵士　91
　ジェノサイド　49
　市民の拘束　33
　少数民族　64
　テロリズム　54, 55
ハンガリー（政治制度）　19
バングラデシュ
　家庭内暴力　77
　警察による人権侵害　37
　国家非常事態のもとの不当勾留　32
　子どもの労働　89
避難民　58
避妊　80
　女性の人身売買　84
　――方法の利用　80
表現の自由　39, 40
平等　11
平等権（女性の）　73
フィリピン（市民の拘束）　33
フィンランド（政治制度）　19
武器　47
　売人　53
　買い手　53
　貿易　52
不当勾留　32
不平等　10, 22, **22**, 61
ブラジル
　拷問　30
　同性愛についての法制　71
　不平等　22
フランス
　あらゆる形態の人種差別撤廃に関する国際条約　67
　ジェノサイド　48

宗教的自由と迫害　　62
　　宗教的自由に対する制限　　63
　　女性性器切除の法的位置づけ　　82
　　武器貿易　　52
フリーダムハウス　　44
武力紛争　　47, 50
ブルンジ（市民の拘束）　　33
紛争　　47
　　非国家的　　51
北京宣言　　74
ベトナム戦争　　50
ベネズエラ
　　警察による人権侵害　　36
　　政治制度　　18
ベラルーシ（脅迫のもとの結社の自由）　　45
法規制　　29
報道機関（閉鎖された）　　42
ボスニア・ヘルツェゴビナ　　56
ボツワナ（女性の権利）　　75
ポーランド
　　拷問　　30
　　ジェノサイド　　48
ホロコースト　　47, 48

ま

マダガスカル（子どもの労働）　　87
マリ（女性性器切除の普及率）　　83
マレーシア（国家非常事態のもとの不当勾留）　　32
南アフリカ共和国
　　人種差別　　66
　　レイプ　　79
ミャンマー
　　インターネットの検閲　　43

子ども兵士　　91
ジェノサイド　　49
少数民族　　64, 64
少数民族の脅かされる文化　　65
政治囚　　33
ミレニアム開発目標　　22
民主主義　　17, 18
無国籍者　　58
無国籍状態　　59
名誉ある殺人（家庭内暴力）　　76
メキシコ（不平等）　　22
メディア
　　脅迫のもとの自由　　40
　　拘留されたジャーナリスト　　40
モルドバ（拷問）　　31
モロッコ（法における配偶者のレイプ）　　78

や

ヨルダン
　　家庭内暴力　　77
　　脅迫のもとの結社の自由　　45
　　拷問　　31
ヨーロッパ（あらゆる形態の人種差別撤廃に関する国際条約）　　67
ヨーロッパ連合（EU）
　　少数民族　　64
　　女性の人身売買　　85
　　政治制度　　19

ら

リベリア（子ども兵士）　　90
ルーマニア
　　あらゆる形態の人種差別撤廃に関する国際条約　　67
　　人種差別による不平等　　66
冷戦　　18
レイプ　　78, 79
　　戦争地域における　　79
　　法における配偶者の　　78
レバノン
　　拷問　　31
　　少数民族　　64
　　テロリズム行為　　55
労働組合　　44
ロシア
　　脅迫のもとのメディアの自由　　41
　　テロリズム行為　　54
　　同性愛についての法制　　71
　　武器貿易　　52
　　不平等　　23
　　法における配偶者のレイプ　　78
ロマ人（族）
　　あらゆる形態の人種差別撤廃に関する国際条約　　67
　　少数民族　　64
　　少数民族の脅かされる文化　　65
　　人種差別による不平等　　66

わ

湾岸戦争（法的位置づけ）　　50

欧文

CEDAW　　74
FGM　　82
HIV/AIDS　　80, 94
IDP　　58
UDHR　　9

原著者紹介
Andrew Fagan（アンドリュー・フェイガン）エセックス大学人権センター副所長．"Essex Internet Encyclopedia of Human Rights" の編集者であり，"Human Rights: Confronting Myths and Misunderstandings（人権：神話と誤解に立ち向かう）" や "Human Rights and Capitalism: A Multi-disciplinary Perspective on Globalisation（人権と資本主義：グローバリゼーションについての学際的視点）"（Janet Dine との共著）など多くの本の著者である．

訳者紹介
長島　隆（ながしま　たかし）
　　東洋大学名誉教授・東京薬科大学（薬学部）客員教授
　　専門：哲学，倫理学
江崎　一朗（えさき　いちろう）
　　熊本県立大学教授
　　専門：法哲学
石田　安実（いしだ　やすし）
　　上智大学生命倫理研究所客員研究員
　　専門：英米現代哲学，倫理学，生命医療倫理学

人権の世界地図

　　　　　　令和元年 6 月30日　発　　　行
　　　　　　令和 2 年 8 月30日　第 3 刷発行

監訳者　長　島　　　隆

訳　者　長　島　　　隆・江　崎　一　朗・石　田　安　実

発行者　池　田　和　博

発行所　丸善出版株式会社
　　　　〒101-0051 東京都千代田区神田神保町二丁目17番
　　　　編集：電話（03）3512-3261／FAX（03）3512-3272
　　　　営業：電話（03）3512-3256／FAX（03）3512-3270
　　　　https://www.maruzen-publishing.co.jp

© Takashi Nagashima, 2019

組版印刷・株式会社 精興社／製本・株式会社 松岳社

ISBN 978-4-621-30364-1　C0036　　　　Printed in Japan

本書の無断複写は著作権法上での例外を除き禁じられています．